高尔夫球运动与管理专业精品教材

高尔夫
球童技能教程

主　编◎高元龙

副主编◎何兵雄　盛炜垚　金加升　杜伟芳

中国旅游出版社

前　言

高尔夫球童岗位具有较高的专业性，从时间上看，在高尔夫球场日常运营中，球童与球员之间相处的时间最长（贯穿比赛全过程），球童的个人素养、技能水平等都将直接影响球员的发挥。

现行《高尔夫球规则》将球童定义为：按照规则帮助球员的人。球童的工作包括但不限于在球员比赛过程中为其携带、运送或管理球杆，是唯一能够提供助言的人。而作为亚运会高尔夫球比赛的球童，其岗位的实际工作内容，应当还包括以下部分：

— 运送、保管、清洁高尔夫球具；

— 提供准确的球道参数、障碍位置、距离等信息；

— 提出有关球杆选择、击球路线以及打法上的建议供球员参考；

— 维护场地（包括球员击球后产生的打痕修补、沙坑平整、果岭球痕修复等）；

— 必要时照管旗杆；

— 追踪球的飞行路线并快速找到球的位置；

— 按照规则帮助球员，提供助言；

— 适时稳定球员情绪、增强球员打球自信心；

— 帮助球员及时准确记分等。

《高尔夫球童技能教程》作为新形态校企合作教材，以培养球童岗位实操能力为出发点，充分结合高尔夫球场实际运营情况，用大量的图片、视频和通俗易懂的语言阐述了高尔夫球运动相关理论知识、基本挥杆技术、球童服务流程、服务技巧、专业术语，以及球童出发前的工作流程、发球台、球道、推杆果岭的操作流程和注意事项，等等，是一本实用性很强的教材。

本教材的编写、拍摄得到了杭州西湖国际高尔夫乡村俱乐部杜伟芳、施忠伟、倪在元、金彩英等球场方面同事的支持与帮助，在此一并表示感谢。由于高尔夫球童课程是一门发展中的新课程，有许多理论和实践问题尚在探索之中，加上时间和作者水平有限，不妥之处，敬请读者批评指正。

编写组

2022 年 9 月

目　录 CONTENTS

第一章　球童概述

目前我国的高尔夫行业已步入成熟发展期。高尔夫消费者消费方式、消费心理日趋成熟，对球场各方面的服务要求也越来越高。为迎接这一挑战，各球场也不得不提高自身的管理水平及其从业人员的素质。从时间上看，高尔夫球场中的球童与来球场消费的各种客人相处时间最长，球童的个人素质与服务水平的高低将会影响客人对球场的印象。因此，高尔夫球场中的球童岗位日显其重要性，可以说，管理较好的球场往往与较高的球童服务水平联系在一起。高尔夫行业是一个较特殊的行业，作为以提供精确特有的高尔夫球规则服务及礼仪服务为己任的球童来说，该岗位具有较强的专业性。

第一节　球童的定义

《高尔夫球规则》将球童定义为：按照规则帮助球员的人，他的工作可以包括在球员打球过程中为其携带或管理球杆。当一个球童受雇于一个以上球员时，在发生与球有关的问题的场合，他始终被视为球的所有者的球童，而且他的携带品也被视为该球员的携带品，除非该球童是按照另一个球员的特定指示行动，在这种情况下他被视为指示他采取行动的球员的球童。

而球童岗位的实际工作内容，还包括了以下部分：

- 运送、保管、清洁高尔夫球具；
- 提供准确的球道参数、障碍位置、距离等信息；
- 提出有关球杆选择、击球路线以及打法上的建议供球员参考；
- 维护场地（包括球员击球后产生的打痕修补、沙坑平整、果岭球痕修复等）；
- 照管旗杆；
- 追踪球员球的飞行路线并快速找到球的位置；
- 按照规则帮助球员；
- 适时稳定球员情绪，增强球员打球自信心；
- 帮助球员及时准确记分等。

第二节　球童的起源与演变

一、球童的起源

根据记载，16 世纪苏格兰的玛丽女王非常热衷于高尔夫球运动，经常往返于苏格兰和法国两地的她，常与当地皇室一起打球。而在法国的皇室里，贵族们喜欢让军队里的军校生“Cadet”来为他们背球包，所以当玛丽女王于 1561 年返回苏格兰的时候，就把这个词一起带回了故乡。也有人说，球童这个词最早从法语的“Le Cadet”演化而来，这个词的意思是“男孩”或者是家里最小的孩子。大约在 1610 年的时候，这个词开始流传到英国，之后就被简化成了球童（Caddie）。

而让 Caddie 这个词正式开始以书面形式记载的却是一个平常百姓。住在爱丁堡附近的安德鲁·迪克森（Andrew Dixon，1655—1729），是一个做高尔夫球的工匠，曾经为苏格兰的约克公爵当过球童。有确切记录的是 1681 年，他曾经在 Leith Links 球场的一场小比赛里给约克公爵背过球包，流传下来的有关他的记录里，第一次出现了“球童”这样的词。之后才开始在爱丁堡和苏格兰其他大城市里流传了起来。

虽然之后“Caddie”这个词得到了广泛的认可和应用，但在当时却并不仅仅指球童。当时苏格兰的城镇里，包括门童和信差在内的男孩子，都可以被这样称呼。根据牛津词典的记载，1730 年这个词就已经作为球童而出现过，但直到 1857 年，“Caddie”才被当作完全意义上的为高尔夫球手背球包的人。

二、球童的演变

18 世纪的球童往往是从贵族们的佣人中挑选出来的，最初的用意也只是帮他们背球包和找球。而当时一些富有的贵族除了球童还拥有“Fore caddie”（观察球童或前面球童）。“观察球童或前面球童”就是“站在前面的球童”，指的是那些在选手开球之前就已经站在远处看球究竟落在哪里的球童（现代《高尔夫球规则》中对 Fore caddie 的定义是：委员会雇用的在比赛中为球员指示球的位置的人员，他是局外者）。而当时“前面球童”的流行是因为在野外打球时常常遇到羊群和野兔的干扰，很难找到打出去的球而开始的。据说现在打球的时候，人们提醒前方的人小心看球所用的“Fore”就是从“Fore caddie”简化而来的。

那个时代的高尔夫球是皮质手工制作的，价格非常昂贵，加上选手之间赌博非常流行，使得球童的作用举足轻重，一些狡猾的“Fore caddie”甚至可以凭借在赌博中帮助选手作弊来获得不少的好处，而这样的球童往往拥有特别的外号，也凭借他们的狡诈受到球手的青睐。当时有记载的最有名的球童是一个叫威利·约翰逊的人，他有个非常响亮的外号——“诡计之门”，除了能够帮选手作弊，还有一手绝活：他穿了一只很特别的靴子，让两条腿看起来长短不一，好像是瘸子，而实际上那个特别的靴子下面有个空洞。他可以把捡到的高尔夫球藏进空洞里，造成这些球已经遗失的假象，而这些被他藏起来的昂贵的高尔夫球，之后又被卖给他的客户，据说他的靴子最多可以藏半打（6 个）球。

然而，随着高尔夫球运动的发展，球童也开始从球手身边负责背包的佣人中逐渐脱离出来，发展成为父子相传的一种职业，于是真正的球童开始出现。他们研究风向、场地条件和草地状况对球手可能产生的影响，并且很快能够了解球员打球的方式与习惯，在球场上发挥了引导作用。在球童功能加强的同时，“Fore caddie”却逐渐从球童历史中消亡，除了一些职业赛事上会安排一些志愿者担任“Fore caddie”的角色负责观察球的落点，一般日常的打球中就不会再出现了。

经过几百年职业高尔夫球运动的发展，职业球童已经成为选手们的左右手，不但不再是普通仆人，甚至成为选手团队中非常重要的组成部分。一个专用的有经验的球童能够帮助选手建立全局的规划、每一洞的攻略，能够报出精确的码数（距离），判断每一洞的线路，判读果岭的状况和旗杆的位置，合理利用规则帮助球员脱困，甚至还可以为球员提供心理支持，在必要的时候帮助稳定球员的情绪，等等。

对于一个职业球员来说，和球童在一起的时间往往要超过其家人，因此彼此之间的关系也就弥足珍贵，很多球员都和自己的球童建立了长久的合作关系，有些球员甚至在离开自己习惯的球童之后遇到“打球障碍”。而 PGA 巡回赛上，大牌明星的球童们也会受到更多的尊重，比如伍兹的幸运球童——威廉姆斯，就一向被认为是当今球童界的第一红牌。而球童的收入也直接和他们对球员的帮助大小相挂钩。2004 年陪维杰·辛格一起走上世界第一位置的球童——大卫·任威克，就凭借当年的努力赢得了超过百万美元的年收入。

第三节　球童的作用

在大多数人的印象或理解中，球童所扮演的角色就是背着球包紧随球员，反复地递送、擦拭球杆，处理打起的草皮，平整沙坑等没有技术含量、无足轻重的工作。稍许专业一点的球童还能提供一些关于风向、选杆等影响球员击球的信息，协助客人打好每一杆、每一洞。但事实上，从一个球童的工作内容和性质来讲，其工作并非如此简单，作用也远不止这些。在高尔夫球场中，球童的态度常常能够影响客人对该俱乐部的评价，这是因为在整个球场中，只有球童和客人相处的时间最长，他们的举止表情、正确的用语都直接影响客人打球质量的好坏，所以他们的任务是多样性的。球童对于一个高尔夫球场的经营有着至关重要的作用，对于高尔夫运动的发展也有着无可替代的作用。

一、球童是球场的“颜面”

（1）客人到达球场后接触时间最长的即为球童，因此客人是否能尽兴而归全都仰赖于球童的应对。让客人能够尽兴、再次光临应该是球场的经营目的。

（2）球童的表情可以左右顾客，球童行事唐突且不和气的俱乐部是不会有客人愿意光临的。相反，若球童总是能够以笑颜迎客令客人愉悦，则是最具效果的服务，客人下次还想光顾。

（3）由于客人大部分一个月仅到球场一两次，因此总希望在球场上能以最轻松愉快的心情面对球童。作为一名好的球童，虽说每日都要在球场上工作，但也应该令客人感受到如同前次一般的服务，所以球童每天都应保持相同的态度，热情服务每一位来场的客人。

二、球童是球员的“好帮手”

（1）在正规的比赛中，有关击球事项，选手仅能和自己的球童或伙伴商量，因此，对选手而言，球童就是他的战友，所以球童必须熟知球场，对球场的设计布局、距离、果岭的状态及规则以及打球礼仪等知识皆须具备。选手除了自己的伙伴之外是不能给予任何人助言的，但任何时候都可以向自己的球童请示指导。

（2）作为一名优秀的帮手，球童应该恳切地、适度地给予客人帮助和忠告，在客人要求时，即便自身具备丰富知识，也不要给予客人不需要的忠告，重要的是做一名令客人期待、信赖的球童。

（3）自尊、自觉、节制且具有丰富的服务经验，是一名好的帮手所应具备的。

（4）我们可以将球童形象地称为“球手的军师”，因为在很多时候，球童需要担任向导、搭档、心理医生、场地指导等多重身份。

三、球童是搜集顾客信息的触角

每一个球童都是球场伸向顾客的感应器，从客人的举手投足间捕捉爱好、性格等信息，以便俱乐部有针对性地为顾客提供个性化服务。同时，球童可通过某些方式，如《球童服务反馈表》等，收集顾客在下场打球过程中的一些不良行为，为客服部提供相关参考信息。

四、球童是高尔夫球场的一个“窗口”

球童的专业服务，不仅展示了整个球场的良好形象，而且可以在适当的时机向顾客推荐球会新的服务项目和重要活动（如促销的优惠时段、比赛信息等）。通过这种轻松自然的介绍，传递的服务信息更容易被接受，优于宣传广告的效果。球童作为一个信息传播的窗口，可将信息传播穿插于服务过程中，为球会与顾客之间的沟通增添新的渠道。另外，顾客来球会的主要目的就是在碧水蓝天之间打一场轻松畅快的球。在球会硬件设施已经固化的情况下，球童服务水平的高低将成为决定顾客打球舒心与否的关键。

【思考与练习】

1.《高尔夫球规则》是怎样定义球童的？

2. 球童有哪些重要作用？

【课外阅读】

国内外著名的球童

从球童转为球手，这是当今世界高尔夫球坛的“流行趋势”。甚至，不少球员还会反过去客串两把球童，目的很简单——只有看别人打，才能看得出毛病。所以，千万不要忽视你身边的球童——当他们拿起球杆，说不定就会让你颜面扫地。当然，当球童也并不意味着只有转做球手这唯一的生活路径。韦尔奇、林奇等商界以及金融界奇才也都有过当球童的经历，这至少说明，球童生涯蕴含了成就伟大的多重可能性。

张连伟——从球童到冠军的典范

他从球童做起，单枪匹马杀入高尔夫圈，从自己掏钱练球到扬名天下，一个人孤孤单单地走了20多年。他是新一代球手追随的榜样，他的成功代表着另一种可能。他是大名鼎鼎的张连伟，中国高尔夫当仁不让的“一哥”。现在的他，犹如里程碑般站在这个领域的前沿，回首来时路，难免唏嘘不已。

“小的时候我曾经在体校练过标枪，800克的标枪我可以投出58米，这个成绩在很长一段时间里都是珠海市的纪录。”张连伟出身珠海的一个平民家庭，20岁以前连高尔夫是什么都不知道。

1985年，张连伟被分配到珠海一家高尔夫球场当球童。所谓球童，就是帮打球者拿球包、捡球擦杆的“杂役”。那时打球的人不多，有较宽裕的时间，贪玩的张连伟便偷偷地打球。当他第一次偷偷在练习场挥杆打球时，生命便自此与高尔夫球联系在一起了。张连伟至今非常感谢那家高尔夫球场的日本经理业天光雄，业天发现张连伟偷偷打球，非但没有对他进行处分，反倒手把手传授他高尔夫的基本动作。“那个年代学高尔夫球真是艰苦，刚开始我根本买不起球，都是去捞别人打进水塘里的球。练了好几年，我还没有自己的球杆。”

半路出家的张连伟，不敢想象自己将来会以打球为生，因为那时中国没有一名职业球员，而国家体委曾经选派10名选手赴日本进修高尔夫球，也根本没有张连伟的名字。

虽然靠高尔夫发家致富遥不可及，但是张连伟打球却是越打越“疯”，他的水平迅速提高。1988年，他以个人身份报名参加了首届中国业余高尔夫球公开赛，一举获得了第六名。1989年的中国公开赛令张连伟最为难忘，因为他赢得了自己在高尔夫比赛的第一个冠军。1994年，张连伟代表中国队参加广岛亚运会并夺取银牌，实现中国高尔夫亚运会历史上奖牌零的突破……这之后，经中国高尔夫球协会的特批，他成为中国第一个没有经过严格职业考试的高尔夫职业球员。

现在的张连伟，定居在深圳香蜜湖，44 岁的他，仍然活跃于各类高尔夫比赛，5 岁的儿子已经跟着他开始打球了，球感不错，他感到很欣慰。

杰克·韦尔奇——通用电气 CEO

“从我主动成为马萨诸塞州沙龙县肯伍德乡村俱乐部的球童那一刻起，对这项运动的热情就已经注定要贯穿我这一生。这项运动把我最喜欢的两样东西结合起来了：人和竞争。”通用电气 CEO 杰克·韦尔奇在他的自传中这样告诉大家。

韦尔奇很小就开始当球童，还不到 9 岁，就吵着要和那些比他大好几岁的球童一起在肯伍德球场打球。当时，背着一个装了六根铁杆的小球包的韦尔奇居然能打到 120 杆以内。如此优异的成绩，更是让韦尔奇对这项运动疯狂。“我还是没有失去做球童的感觉。”韦尔奇并不因为曾经当过球童而觉得难堪，他总是很自豪地向人们说起他的那段历史。前不久，已经 64 岁的他再一次背上球包，充当起要参加青少年高尔夫赛事的 7 岁孙子的球童。

彼得·林奇——传奇股神

不相信理论、不靠市场预测、不靠技术分析，靠的是信息灵通和调查研究，这就是声名远扬的彼得·林奇的投资风格。可是，你知道他最初的股票知识是在哪里获得的吗？高尔夫球场！

林奇出生在美国波士顿的一个富裕家庭。父亲曾经是波士顿学院的数学教授。不幸的是，在林奇 10 岁那年，父亲因病去世，全家的生活从此陷入了困境。为了减轻母亲的负担，懂事的林奇当起了布雷·伯雷高尔夫球场的球童。布雷·伯雷高尔夫球俱乐部的成员大多是大公司的董事长和股东，这些名流巨贾除了打高尔夫球，还经常会在球场上交流各自的投资观点。陪伴在他们身边的球童林奇悄悄地从他们的谈话中记录下股票市场的点点滴滴，开始接受起股票市场的早期教育。

不仅如此，林奇还靠着这笔球童的工资来支撑自己的大学生活。中学毕业后，林奇顺利地考进了波士顿学院。大学一年级时，林奇获得了费朗西斯·维梅特球童奖学金，加上平时工作出色，总会有一笔可观的球童小费。他不仅可以自己支付昂贵的学费，而且还能为次年存下一笔不小的积蓄。

史蒂夫·威廉姆斯——世界第一球童

史蒂夫·威廉姆斯，从1999年开始，一直陪伴在老虎伍兹身边的世界第一球童，随着老虎“发威”也扬名世界。

他们的第一次成功合作是在1999年芝加哥郊外的麦迪亚球场，当时只相处了五个月的“主仆”俩面对着能否打破两年半的沉寂而重新夺冠的巨大考验。最后一轮的17洞是一个三杆洞，老虎伍兹用7号铁将球击出了果岭。他回头将球切上来时，小球还差8英尺才进洞。如果老虎伍兹错过那一推，他的一杆优势就没了。老虎伍兹在小球后边蹲下来，研究了很久推杆线路，然后叫来了威廉姆斯，问他看到了什么。威廉姆斯清晰而肯定地回答说:“内线向左。”正是因为这一句话，伍兹将小球正推进了洞杯，而在接下来的18洞，也顺利地保平了标准杆，最终赢得了他职业生涯第二个大满贯头衔。就在这一刻，两人之间的完全信任建立起来了。当了八年的世界第一球童，威廉姆斯也赚得盆满钵满。仅2006年一年，威廉姆斯从伍兹那里拿到的“小费”跟分红就有70多万美元。除此之外，威廉姆斯还成为球童史上广告代言的第一人，不仅如此，他还拥有以他自己名字命名的一个慈善基金会。

第二章　球童知识基础

第一节　高尔夫球运动的起源与发展

作为一名高尔夫球童，有必要了解和掌握高尔夫球运动的起源与发展的相关知识。

一、高尔夫球运动的起源

关于高尔夫球运动的起源，一直以来都是众说纷纭，归纳起来主要有以下几种说法：

（一）起源于荷兰

高尔夫球为荷兰文 KOLF 的音译。据说 1000 多年以前，在牧场里，当羊群吃草、玩戏之际，放羊的牧童们闲暇无事，常常用手里的牧羊棍打击小的石头，久而久之就产生了技术、力量因素和争强比胜的意识。有时比击得远，有时比击得准，有时既比远又比准，二者兼而有之。这就是高尔夫球运动的原始形态和雏形。

高尔夫的场地演变，也证明了这一点。最早高尔夫球的场地就是牧场；

到了后来，有的人把高尔夫球场搬到室内，有的搬到马路上，还有的搬到海滩上，甚至有的搬到冰场上……但这些场地，没有维持多长时间，都成了探奇式的过渡性场所；再往后，才逐渐形成了现在的还是模拟牧场的高尔夫球运动的正式场地。

据说，有一幅 14 世纪的荷兰古画，画面上有三人手执小球，另一个人持棒击球，有人认为这就是最早的荷兰高尔夫球运动。

（二）起源于中国

据历史记载，唐朝时期出现了一种叫作“捶丸”的体育活动。顾名思义，捶者击也，丸者球也，并且还是击球入窝。高尔夫球运动与此酷似。也就是说“捶丸”比高尔夫球至少早出现一个世纪。

“捶丸”是由唐代的“步打球”演变而来，北宋时又称“步击”。宋元时期，“捶丸”活动流行于北方民间。山西洪洞县广胜寺水神庙壁画中的宋代捶丸图可为一佐证，图中四人，一人持棒，正待击球入穴，情境逼真，栩栩如生。从史料记载来看，“捶丸”作为一个完整的体育活动项目，无论在方法、形式方面，还是在群众中开展的广泛程度方面皆具有相当的规模，并初步定型。

（三）起源于苏格兰

高尔夫球为英文 GOLF 的音译。这个词最早出现在 1457 年苏格兰议会文件中。一个苏格兰的牧羊人在放羊时，用牧羊棍击石子取乐。一次偶然把石子击入远方的兔子窝里，顿时他觉得这种“击石入窝”的游戏非常吸引人且妙趣横生。从那以后，他就经常约大家一起玩儿，这项运动也得到了人们的喜爱和欢迎并逐渐流行了起来。据说，这就是高尔夫球的雏形。

根据记载，以上三种说法无疑皆为事实。从它的定型和发展来看，中国早于苏格兰和荷兰，荷兰又前于苏格兰。但是，作为一种现代的被国际多数国家和地区所承认的世界性体育项目，高尔夫球的发源地和故乡是苏格兰。世界上第一座高尔夫球场诞生在苏格兰的爱丁堡，并且高尔夫真正的兴起始于 1457 年的苏格兰圣·安德鲁斯市。

圣·安德鲁斯的地理条件得天独厚，它有自然形成的高尔夫球场所需的障碍物——海风吹成的沙洼遍布沙丘，蜿蜒曲折的溪流，阵阵海风，苏格兰人就在这儿打高尔夫球。因此，对于苏格兰人来说，真正的高尔夫球场就应在沙丘之间，而其他的球场相对来说则是“内陆球场”。

1854 年，在圣·安德鲁斯市正式组织了“圣·安德鲁斯市皇家古典高尔夫俱乐部”（Royal and Ancient Golf Club of St. Andrews）。据说，该俱乐部由 22 个贵族和绅士组成，他们通过比赛来争夺一根银制球杆，并制定了 13 条基本的高尔夫球规则。直到今天，世界上成千上万的高尔夫球场还在沿用这些规则。

圣·安德鲁斯市可以说是“高尔夫之都”，每年有数以万计的高尔夫球爱好者来这里参观高尔夫球场。“皇家古代高尔夫俱乐部”领头人的就职仪式也很特别。按照传统，新任的领头人必须在 9 月第三周的星期三进行就职仪式。当时，他登上第一个发球台时，一群球童肃然而立。然后，由他发出一球，球童们便争相拾球，拾得者奖一英镑。其后，一尊古炮鸣响，在这隆隆炮声和滚滚烟雾中，领头人宣布就职。如今，每位新上任的俱乐部总监都会捐一个银球或金球，这已成为传统。

16 世纪，高尔夫球运动逐渐受到苏格兰主流社会的推崇，连苏格兰国王詹姆斯六世在 1603 年继承英国王位前，也打高尔夫球。他的母亲，苏格兰女王玛丽（Mary），也是一个痴迷的高尔夫球手。女王曾和一个叫玛丽·塞特（Mary Seton）的佣人打高尔夫球，后来因为她输了，而送给这位佣人一条很名贵的项链。还有类似记载，国王詹姆斯四世曾在球场与一位伯爵打赌，结果输了，因此他的皇家财政部部长不得不支付伯爵 14 先令。

正是皇家的影响，对高尔夫球运动在苏格兰的普及并最终走向世界，起到了积极的推动作用。

二、高尔夫球运动的发展

（一）高尔夫球运动在国外的发展

高尔夫球运动在国外发展情况一览表

1457 年	苏格兰国会首次制定了关于高尔夫球运动的法案，国王吉姆斯明令禁止高尔夫球运动，因为当时很多士兵迷恋这项运动，用弓来打球，而忽略了练兵
1743 年	第一套有文字记载的高尔夫球及球杆从苏格兰的雷斯（Leith）港运至美国南卡的查尔斯顿（Charleston）港
1744 年	爱丁堡高尔夫球友协会制定了世界上第一个高尔夫球运动的规则，而且以明文方式公布，共十三条，其中有一条规定如何从“积水地”中脱困
1829 年	高尔夫球运动随着英国国王的足迹而推广开来；同年，印度的皇家加尔各答高尔夫俱乐部正式开幕，这是现存不列颠群岛外最古老的球场
1848 年	高尔夫球首次由羽毛制改变为一体型材料而成，这是一种类似于橡胶的工程材料
1860 年	首届英国公开赛开赛，当时只有八位职业选手参加，比赛在普雷斯特威克（Prestwick）球场进行，球场共十二洞，球员们一天打三轮；威利・帕克（Willie Park）的总积分为 174 杆，以两杆的优势击败老汤姆・毛里斯，夺得冠军
1872 年	小汤姆・毛里斯第四次在英国公开赛中夺冠，平了由他父亲创下的纪录
1888 年	圣・安德鲁斯（St. Andrews）在纽约的杨克斯（Yonkers）成功创设，它是目前美国仍在运作的最古老的俱乐部
1894 年	五家美国高尔夫俱乐部联合创建了美国高尔夫球协会（USGA），其中两家还举办了“美国锦标赛”
1898 年	哈斯克尔（Haskell）球问世，这是以橡胶线缠绕为核心的高尔夫球，这一发明具有重要意义，使得所有高尔夫球员的击球距离似乎一夜之间大涨了 15 码
1902 年	亚利桑那大学学生哈佛（Harvard）在校际锦标赛上获得五连冠
1903 年	沃尔特・特拉维斯（Walter Travis）在四十二岁时夺得英国业余赛冠军，因为他使用了怪异的斯克内克塔迪（Schenectady）推杆，因此几乎无人喝彩；七年后，R&A 禁止在比赛中使用这种杆身接在杆头中的球杆，这项禁令一直持续到 1952 年
1905 年	莱顿・卡尔金斯（Leighton Calkins）推出第一套差点系统，并获得美国高尔夫球协会的认可

续表

1941 年	这是历史上让人非常难忘的一年，这一年珍珠港遭到轰炸后，美国高尔夫球协会宣布在第二次世界大战期间不再举行美国公开赛
1943 年	奥古斯塔高尔夫俱乐部关闭
1945 年	拜伦·尼尔森（Byron Nelson）连胜十一场，尽管当时的果岭状况并不好，但他这一年的平均杆数仍然达到了 68.3 杆
1946 年	被称为“雀斑女”的帕蒂·伯格（Patty Berg）赢得了第一届美国女子公开赛冠军；同年，农业学家格伦·伯顿（Glenn Burton）接受了美国高尔夫球协会的资助，在热带气候地区培育出不同的草种
1947 年	以一种“球场难度评定”的方法取代标准杆，并成为差点系统的一个重要因素；同年，《高尔夫世界杂志》在派恩赫斯特（Pinehurst）创刊，创办人是前 PGA 巡回赛的主事者
1948 年	第一辆高尔夫球车问世并获得专利，当时的款式有些简陋，只有离合器和挡位杆
1950 年	高尔夫文摘面世，是由西北大学毕业生比尔·大卫、霍华德·吉理（Howard Gill）和杰克·巴奈特（Jack Barnett）联合创办；同年，LPGA 建立，创始委员有十二位
20 世纪 50 年代的高尔夫运动开始热闹起来	
1951 年	一部内容是本·哈根自传的电影《跟着太阳》上映，据悉，片中的安妮·巴特尔（Ann Banter）看上去很棒，而格伦·福特（Glenn Ford）则看上去像不会打球一样；同年，美国高尔夫球协会和 R&A 召开会议，成功地达成世界统一的高尔夫球规则
1952 年	德怀特·戴维·艾森豪威尔（Dwight D. Eisenhower）当选美国总统，他是阿诺德·帕尔玛的好友，两人对高尔夫球运动的推广功不可没，他在任八年间，四十五次莅临奥古斯塔球场
1953 年	本·哈根夺得精英赛、美国公开赛和英国公开赛三大赛事的冠军
1954 年	贝比·迪德里克森·扎哈里斯（Babe Didrikson Zaharis）赢得美国女子公开赛冠军，她是在胃癌手术后参加比赛的，两年后她还是因胃癌去世；同年举办的美国公开赛首次有了电视转播
1957 年	日本在高尔夫世界杯中夺冠，这在日本掀起高尔夫热潮，时至今日，日本仍然是美国以外拥有高尔夫球场数量最多的国家
1958 年	阿诺德·帕尔玛首次在精英赛中夺冠，此后一发不可收拾，又三次卫冕
1960 年	阿诺德·帕尔玛在精英赛中夺冠，接着又在美国公开赛中折桂，在英国公开赛中屈居亚军，后来又出席PGA锦标赛；同年，美国高尔夫球协会出版《果岭建造规格》，其中有争议的是以沙代替土壤，虽然成本较高，却是可行的

（二）高尔夫球运动在我国的发展

高尔夫球运动在我国发展情况一览表

1982 年	深圳高尔夫俱乐部申报立项，这是中国第一家申报立项建设的球会
1983 年	霍英东先生投资建设了第一个高尔夫球场——中山温泉高尔夫球会，它向全国输出了最早的高尔夫球手和各方面的高尔夫管理人才
1984 年	中山温泉高尔夫球会总经理戴耀宗和邓树泉教练在三乡中学选拔组建了以林少茹、黄丽霞、郑文根、肖成汉等为主的中山温泉俱乐部球队，郑文根、林少茹和黄丽霞成为日后中国第一代职业球员
1985 年	中国高尔夫球协会（CGA）在北京成立，它是我国高尔夫球运动的最高组织机构，它的成立标志着我国开始有计划、有组织地发展高尔夫球运动，这是高尔夫球发展史上的里程碑，为世界高尔夫球运动谱写了新的篇章
1986 年	“中山杯”职业、业余高尔夫球选手混合国际邀请赛在广东中山温泉高尔夫球会举行，这是我国大陆首次举办国际性高尔夫球赛事；同年，我国开始每年都举办各种类型的高尔夫球公开赛
1988 年	第一届国际名人邀请赛在北京国际高尔夫俱乐部举行，美国前总统福特派了国会议员理查德·波瑞斯代表他参赛
1990 年	在第十一届亚运会上，我国高尔夫球男、女队均获得了第四名
1992 年	在第十二届广岛亚运会上，我国女队夺得团体铜牌，张连伟获男子亚军
1993 年	经原国家体委批准，北京国际高尔夫俱乐部进行了我国第一次职业高尔夫选手的资格选拔赛，这是我国实施高尔夫职业化的初步尝试和探索
1994 年	中国高尔夫球协会举办了职业高尔夫球选手资格考试，产生了 5 男 1 女中国第一代职业高尔夫球选手
1994 年	首届“贺龙杯”名人邀请赛在北京国际高尔夫俱乐部举行
1994 年	深圳天应体育用品公司成为我国第一家代理世界著名高尔夫球具品牌（Callaway）的企业
1994 年	深圳电视台派出记者前往波多黎各，采访了被誉为“高尔夫奥林匹克”的第 40 届“世界杯高尔夫球赛”，这是我国记者第一次报道世界级高尔夫球比赛
1995 年	深圳观澜湖高尔夫球会承办了第 41 届“世界杯”高尔夫球比赛，这是我国第一次举办高尔夫球世界级大赛

续表

1995 年	深圳大学高尔夫学院成立，开创了我国高尔夫高等专业教育的先河
1995 年	北京高尔夫球运动学校成立，这是中国第一所培养高尔夫专业人才的中等专业学校
1995 年	邓戈平先生投资、建造了深圳绿色高尔夫俱乐部，这是我国第一个自己投资、建设、管理的高尔夫球场
1995 年	第一届“沃尔沃中国公开赛”在北京国际高尔夫俱乐部举行，并成为欧巡赛的分站赛事
1997 年	深圳职业选手程军夺得沃尔沃中国公开赛冠军，这是国内选手第一次获得亚巡赛冠军
1997 年	第一届“海峡杯”高尔夫球比赛在深圳聚豪会高尔夫球会举办
1998 年	巾帼球会在深圳成立，这是我国第一支女子高尔夫球队
1998 年	深圳名商高尔夫球会建成 18 洞灯光球场，这是我国第一家可供夜间打全场的灯光球场
1999 年	深圳电视台创办高尔夫栏目，这是我国开办的第一家介绍高尔夫球运动的电视台
1999 年	我国第一个职业高尔夫球巡回赛——“BAT 中国职业联盟杯”举办，国内职业球员第一次有了演练的舞台
1999 年	中高协主办了“雅居乐业余巡回赛”（简称“雅巡赛”），这是我国规模最大、水平最高、影响力最大的业余赛事，雅巡赛现已改为“中信朝向业余巡回赛”
2000 年	宋庆礼先生成立宋庆礼工作室，这是国内第一个专门从事高尔夫球教学的工作室，他是国内第一个获得国外 PGA 执教资格的教练
2001 年	深圳观澜湖高尔夫球会成功举办了泰格·伍兹观澜湖挑战赛
2002 年	深圳龙岗公众高尔夫球场建成，这是我国第一家对大众开放的公众高尔夫球场
2003 年	有“国内高尔夫第一人”之称的张连伟在本土获得了沃尔沃中国公开赛的冠军
2004 年	深圳观澜湖高尔夫球会完成了 180 洞的建设，成为世界第一大球会

第二节 高尔夫球场知识

高尔夫球场是一幅画，广义地讲，它是由绿草、树林、湖水、小溪、沙地与蓝天白云、阳光清风和三五成群的球员构成的画面。

世界上没有两个一样的高尔夫球场。高尔夫球场是依自然地势和景观设计而成，通常一个国际标准的球场为十八洞，标准杆为七十二杆，占地面积为1000亩到2000亩不等，而球道总长度通常约为5000码到7500码。

许多球场，出于营业上的需要设计了十八洞、三十六洞甚至七十二洞，但都必须以九洞为单位。多设计洞数是为了让更多人能同时打球，也可为球员提供趣味各异的球场。

“洞”是高尔夫球场的基本组成单位，一个洞由发球区、普通区、罚杆区、沙坑以及推杆果岭组成。高尔夫球场的“洞”可分为长洞、中洞、短洞。长洞的标准杆为5杆，男子距离在471码以上、女子在401~575码以内；中洞标准杆为4杆，男子距离为251~470码，女子距离为211~400码；短洞标准杆为3杆，男子距离为250码以内，女子距离为210码以内。通常每9洞（俗称半场）中设有2个长洞、5个中洞和2个短洞，通常9洞的标准杆为36杆，18洞为72杆。

一、球场类型

高尔夫球场建设在各种各样的地形上，甚至有些建在沙漠中。世界上最高的高尔夫球场是秘鲁摩洛克查的吐克图高尔夫球场，这个球场的最低点在海拔4300米以上。世界海拔最低的球场是低于海平面以下86米的死亡谷尼斯河高尔夫球场（Death Valley National Park）。

二、球洞长度

男女球洞长度一览表

	男子	女子
PAR5：	431 米以上（471 码以上）	367~526 米（401~575 码）
PAR4：	230~430 米（251~470 码）	193~366 米（211~400 码）
PAR3：	230 米以下（250 码以下）	192 米以下（210 码以下）

三、每个球洞的组成部分

（一）发球区

发球区上的草长 10~12 毫米。发球区是指正准备打球之洞的起始处，它是后面纵深为两球杆长度、前面和两侧由两个发球区标志外侧边缘限定的方形区域。发球区不等于发球台，不同发球区的设置主要是为了供不同打球者使用，且使球道码数较有弹性。

发球区区分简表

发球区类别	使用对象	英文术语
黑色发球区	男子职业球员	Black Tee
金色发球区	男子单差点球员	Gold Tee
蓝色发球区	男子业余 / 女子职业球员	Blue Tee
白色发球区	一般男子 / 业余女子球员	White Tee
红色发球区	一般女子 / 儿童球员	Red Tee

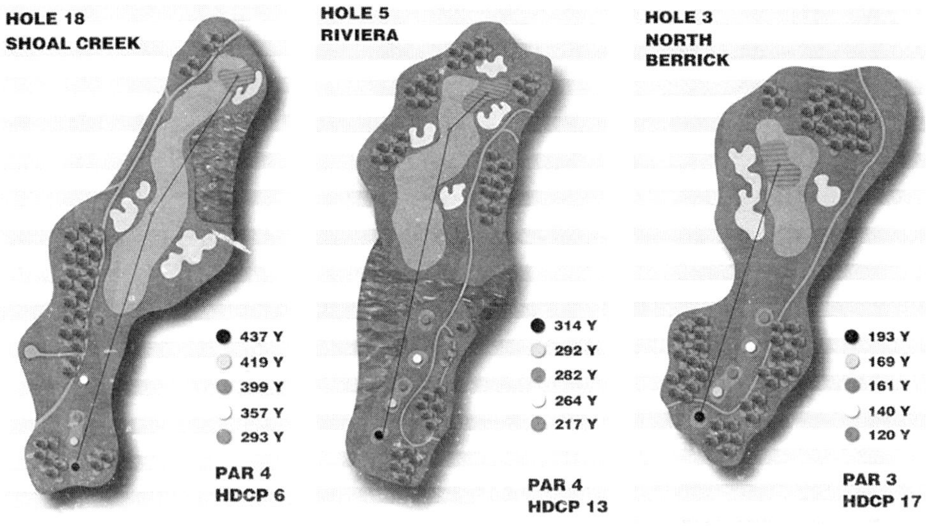

球道示意图

在发球区及附近一般有以下附属设施：

（1）Tee-Mark——发球区标志物；

（2）标志石：洞号、标准杆、码数、球道图、洞名；

（3）其他设施：垃圾桶、沙桶、洗球器等。

（二）普通区

短草区域：球道草的高度为 12~15 毫米，是发球区至果岭的最佳击球路线，也是草坪修整得最好的区域。球道宽度一般为 33~109 米，其首尾分别与发球台和果岭相连。

长草区域：位于短草区两侧、发球台前面及果岭后方。长草区的草的修剪高度是球道草的一倍以上，一般为 38 毫米左右。

杂草区域：设于长草区的外侧，一般球场范围内除了上述各区域外，其余有草的区域皆为杂草区；杂草区除了作为球员击球入内的惩罚，另外配合不同高度的树木等，能起到球道间的安全隔离作用。

（三）沙坑

沙坑一般分为球道沙坑和果岭边沙坑。一般口大而深，沙层厚度为10~15 厘米，沙的粒径为 0.25~0.5 毫米。

（四）罚杆区

罚杆区是指任何海、湖、池塘、河川、水沟、地表排水沟或其他无覆盖水道（无论有水与否）及其他类似性质的水域；任何其他被委员会标定为罚杆区的球场部分。规则规定，罚杆区用黄色或红色进行标定区分。

（五）推杆果岭

推杆果岭即球洞所在区域，是球场上专为推击而准备的区域，又称“果岭”，包括果岭、球洞、旗杆。球洞区一般为圆形或似圆形，面积一般为 456~697 平方米。

球洞规格：球洞的直径为 4.25 英寸（108 毫米），深度约为 4 英寸（101.6 毫米）。除非土质不允许，否则洞杯必须至少要沉入球洞区表面以下 1 英寸（25.4 毫米），洞杯的外径不得超过 4.25 英寸（108 毫米），洞杯深度 100 毫米，一般为铁制或塑料制。

果岭旗尺寸：宽 30 厘米，长 50 厘米。

果岭环：宽 0.9~2.7 米，修剪高度 10~19 毫米。

常见果岭类型：

1. 岛型果岭

除了保留一条通道，果岭四周全是沙坑或是水池，极富挑战性。

2. 高原型果岭（炮台式）

整个果岭较周围地势高 60~120 厘米，宛如突起的平台，有利于果岭的排水。

3. 碟型果岭

相对于高原型果岭外围较高，果岭中间部分为地形最低部分，球较易被击上果岭，在早期的球场使用较多。

4. 双果岭型

两个果岭可相互交替使用，使果岭可充分得到维护。

5. 双层果岭型

由高低两个平台所组成的一个果岭，两个平台由平缓斜坡相接而成，这种形式的果岭用在山地球场较多。

6. 靠背式果岭

此种果岭是由斜坡以挖填土方的方式造成，果岭前低后高，两侧及后方有明显斜坡，通常在斜坡处配置沙坑或洼地。

果岭草的特性：

向阳性：当阳光较强时，草向着阳光生长。

向水性：当果岭旁水面较大时，草向着水的方向生长。

其他影响因素：排水口。雨天过后，草易朝向排水口方向生长。

剪草纹路：因机器碾压，草朝机器行走的方向生长。

顺草与逆草：亮色为顺、暗色为逆。

乱草（异常）：向阳、向水、排水口、剪草等因素影响均不明显时。

抓线考虑的另一重要因素：坡度。

第三节　高尔夫球运动装备

高尔夫球运动装备包括球杆、球杆袋（球包）、鞋、手套、帽子、球座等，选择是否适合自己的高尔夫用具，直接影响成绩的高低，因此首先应了解高尔夫用具的各种性能。

高尔夫球运动的装备

一、高尔夫球杆

1. 高尔夫球杆的历史演变

15 世纪苏格兰出现了第一支木杆，当时的木杆杆身坚实，杆头沉重。

19 世纪 90 年代，柿木木杆开始出现。

18 世纪之初，金属杆头开始出现。

1850 年，在球具中不仅有开球用的木杆，在球道上的 3 号木杆，还有推杆和几支铁杆；1895 年，铝材推杆已被使用。

1912 年，第一批无缝铁杆在苏格兰问世，后来在高尔夫球坛上又掀起了一股“钛合金热”，已渐成主流。

1930 年，铁制杆为规则所接受。

2. 高尔夫球杆的分类与规格

（1）木杆。木杆主要用于开球，它的杆身长，杆头相对而言较轻，现代的发球杆尽管一直被称为木杆，实际上 70% 以上的发球杆已由合金、碳素石墨等材质制造，但因为其形状仍和以前的木制杆头一样，故仍称其为木杆。

（2）铁杆。铁杆实际是由不锈钢杆身或碳杆杆身锻造或铸造而成。铁杆的特性是易保持击球的方向性。一般共有 9 支杆，从 3 号到 9 号再加上挖起杆和沙杆，当然也配有 1 号铁和 2 号铁，但业余球手较少使用。其中，3#、4#、5# 为长铁杆；6#、7#、8# 为中铁杆；9#、PW、SW 为短铁杆。

（3）推杆。推杆是唯一不将球向空中击起的球杆，主要用来推球入洞，它是高尔夫球手们使用最多的球杆。推杆并不是大家所认为的 0° 倾角，而是大概在 4° 左右。从原理上来讲，稍大的倾角适合速度较慢的果岭；稍小的倾角适合速度较快的果岭。不过，这种区别是很微小的。

（4）一支完整的球杆由以下部分构成：

握把：橡胶材质。

杆身：主要有不锈钢、碳结钢、合金钢、碳素杆身等。

杆头：由杆面、根部、颈部、趾部组成。球杆的击球距离与杆面角度有很大关系。

（5）球杆的总长度必须不少于 18 英寸（457.2 毫米），除推杆外，必须不超过 48 英寸（1219.2 毫米）。

各类球杆常规击球距离表

球杆类型	杆面角度	击打距离（男）	击打距离（女）
1 号木	6.5~12 度	220~280	160~220
3 号木	15 度左右	220−240	150~180
5 号木	19 度左右	210~220	140~170
3 号铁	23 度	200~210	不建议使用
4 号铁	27 度	190~200	不建议使用
5 号铁	31 度	180~190	140 左右
6 号铁	35 度	160~170	130 左右

续表

球杆类型	杆面角度	击打距离（男）	击打距离（女）
7 号铁	39 度	150~160	120 左右
8 号铁	42 度	140 左右	110 左右
9 号铁	45 度	130 左右	100 左右
P 杆（Pitching wedge）	48~52 度	110~120	90 左右
S 杆（Sand wedge）	54~56 度	100 以内或沙坑击球	80 左右
推杆（Putter）	4 度左右	主要用于果岭推击	
注：距离单位为“码”（1 码约等于 0.914 米）			

（6）杆身：从材料上分，有铁杆和碳素杆。

随着材料科学的不断发展，近年来碳素杆身很受高尔夫爱好者的欢迎。

碳素杆是利用纤维素、丙烯、人造丝等纤维原料制成的。这种材料重量轻，弹力大，挥杆感觉轻松；击球后，杆头速度不会立刻降低，高尔夫球员在选择球杆时，一定要挑选适合自己的体型、体力、年龄、运动基础的球杆，这是提高成绩的重要因素。

从硬度上分：有 X（Extra Stiff）；S（Stiff）；R（Regular）；L（Light）等。

X（超硬）：一般为身材高大、身强力壮的职业选手使用。

S（硬）：职业选手，力量大的男士使用。

R（适中）：普通男性，女子职业选手使用。

L（软）：普通女性使用。

二、高尔夫用球

1. 高尔夫球制作材料的演变

（1）石头、木头制球用了约 200 年。

（2）皮革做套、羽毛作馅的羽毛制球用了约 200 年。

（3）1848 年，古塔胶球问世。

（4）1898 年，橡胶实心球（又称“斯克尔球”）。

（5）1905 年，威廉·泰勒（Willian Taylor）做出球面有凹坑的球，此种球能起到更受力和减少空气阻力的作用。

（6）1920 年，巴拉塔树胶取代古塔树胶。

（7）1972 年，“双层结构球”取代橡胶实心球，由橡胶内心和舍林外壳构成。

（8）目前从结构上讲，高尔夫用球又分单层、双层、三层、四层等多种。多层结构的高尔夫球具有速度佳、旋转好、飞行稳、控制性强的特点。

2. 现代高尔夫球的规格

高尔夫规则规定，球的重量为 45.93 克（1.62 盎司）以内，其直径为 42.67 毫米（1.68 英寸）以上，形状呈圆形，球员根据挥杆力度，挑选硬、软适度的球。高尔夫球按其结构分为一层球、二层球、三层球及多层球。目前使用较多的为二层球与三层球，现在球表面的凹痕有 332、336、360、382、384、392 以及 432 个，以 332、392 居多。

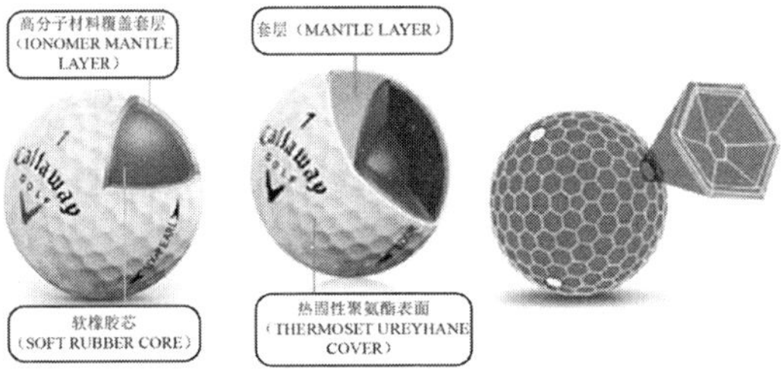

高尔夫球

三、高尔夫球鞋

高尔夫球鞋的作用是保护草皮，稳定挥杆。下场时必须穿胶钉鞋，铁钉鞋不能下场。打高尔夫时穿专用高尔夫球鞋有以下作用：

（1）鞋底的钉子使人与地面的摩擦力加大，可增强站位时的稳定性，利于更合理地完成每一次击球动作。

（2）皮革材质可以防水，另外在地面有积水时还可以起到防滑的作用。

（3）在行进和打高尔夫球时，高尔夫球鞋鞋底的钉子扎出的洞，有利于草根部通过洞穴呼吸空气，能起到保护草坪的作用。

高尔夫球鞋

四、高尔夫手套

手套的主要作用是手掌握杆时可以填满手与握把间的空隙，使手与球杆轻松而牢固地联成一体，方便更舒服地握紧杆柄，避免摩手，以便更好地挥杆击球。同时，为了防滑和防旱，在打高尔夫时，一定要戴手套。手套一般由各种皮料制成，天气好时用皮质手套，下雨时戴布料质地的手套为宜。

五、球杆袋（球包）

球杆袋是用来装放球杆用的，全套球杆（一般是 13 或 14 支），通常使用 8 寸直径口的球包即可。球员在选择球包时，首先应看球杆装入球包后能否平衡地站立在平地上，以及缝和部分、配件袋部分、握把部分是否牢固，然后看球包外表色彩是否称心如意等。

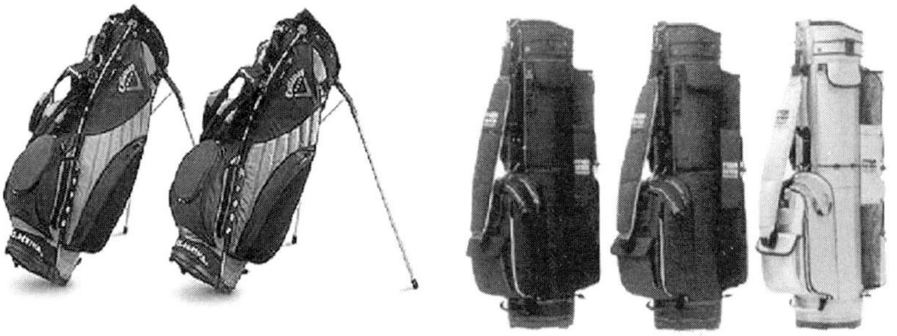

高尔夫球包

六、球座、球标、果岭叉等辅助用具

规则规定在发球区球员可用球座（Tee）将球架高，球座一般由塑料、木材等材料制成，球员在选购球座时，选用木制的较好，因为在发球台发球多使用木杆，用木杆杆头击球时，杆头与球座发生碰撞，木材制球座对木杆杆面可起到保护作用。

球标（Ball-marker）是类似硬币的小物品。规则规定，当球被打上果岭后，可以把球拿起来擦拭，为了记住球的位置，在拿起球前，需要在球的原位置，用球标做上标记。

果岭叉是修复果岭球痕的工具。

七、高尔夫服饰

打高尔夫球时穿着如何，以前规则中并没有明文规定。通常的高尔夫服装分为上衣和裤子两个主件。上衣较多的是以长袖或短袖的T恤衫（Polo shirt）为主要款式的运动衫；裤子（不论长裤或短裤）是纯棉或纯毛的西裤。

但在如今的高尔夫球场内，则对服饰有明文规定，下场时上衣一定要穿着有领有袖的T恤，裤子则是纯棉或其他质地的长裤，禁止牛仔系列的衣裤在高尔夫球场内出现。

一般高尔夫球场着装的具体规定：

男士上装：有领、有袖的高尔夫T恤衫；不允许着无领、无袖T恤衫，背心，衬衫，西装。

男士下装：短裤或长裤，短裤不短于膝盖以上4英寸；不允许牛仔系列和健身、网球、沙滩裤。

女士上装：有领高尔夫T恤衫；不允许无领或露脐装、职业装。

女士下装：裙、短裤或长裤（裙及短裤的长度不短于膝盖以上5~6英寸）；不允许牛仔系列和健身、网球、沙滩裤。

鞋：软底高尔夫专用球鞋；不允许着高跟鞋、凉鞋、铁钉鞋。

第四节　高尔夫球常用规则及礼仪

一、规则的产生

1744年3月7日，苏格兰爱丁堡的城镇委员会通过一项决议，宣布每年4月的第一个周一举办一次高尔夫球比赛。为了举行这次比赛，史上第一部有文字记载的《高尔夫球规则》诞生了。这部规则由爱丁堡球员荣誉社团于1744年3月7日完成编写，虽然一共只有13条，但它却奠定了现代高尔夫球运动的基础。从出现第一部规则至今，高尔夫球规则的发展历经了重大变革。2017年，R&A和USGA对规则再次进行了大幅度调整，新的规则更加适应现代特点，大大降低了处罚的严厉性，语言更加通俗易懂。现行的 2019 版《高尔夫球规则》，已于 2019 年 1 月 1 日起，在全球启用。

二、规则概要

“在球的现有位置状态下打球，在球场的现有状态下打球，如果两者你都难以做到，那么按照公正的原则打球。但是想要做到公正，你需要懂得高尔夫球的规则。”——《高尔夫球规则》

绝大多数情况下，高尔夫球运动是在没有裁判员监督的情形下进行的。这项运动有赖于每个参与者的诚实——具体表现为替其他球员着想和自觉遵守规则。不论比赛有多激烈，所有球员都应自觉约束自己的行为，随时表现出礼貌谦让和良好的运动精神。这就是高尔夫球运动的精神。

1. 概要

从事这项运动，应当遵循高尔夫球运动精神。为了理解这一点，要特别注意下列内容：

- 诚信自律——例如遵守规则，严格实施处罚，真诚坦荡。
- 为他人着想——例如快速打球，顾及他人安全，不干扰其他球员打球。
- 悉心保护球场——例如铺回铲起的草皮，平整沙坑，修理球痕，以及不使球场遭到无谓的损伤。

在开始一轮比赛前：

- 仔细阅读记分卡或公告栏上的当地规则。
- 在你的球上做一个辨认标记。许多高尔夫球员使用相同品牌的球，如果不能辨认出自己的球，它将被视为遗失（规则 18.2）。
- 清点你的球杆数量，最多可以携带 14 支球杆（规则 4.1）。

在一轮比赛之中：

● 除了你的球童、伙伴（与你同属一方的球员）和伙伴的球童，不要向任何其他人征询助言；除了你的伙伴，不要向任何其他人提供助言；你可以询问规则、距离（从某一点到另一点的距离）、物体（如球洞、推杆果岭、球道、罚杆区、沙坑或其他球员的球）在球场上的位置（规则 10.2）。

● 在一个球洞的比赛过程中，请勿进行练习击球（规则 5.5）。

● 你应该快速、按时完成一轮比赛。比洞赛中，球员之间可以同意让其中一人不按顺序打球以节约时间；比杆赛中，球员们可以以安全和负责任的方式使用“快打高尔夫”。建议球员在其可以（或应当可以）不受妨碍或干扰地打球后 40 秒内完成击球，通常还应打得更快（规则 5.6）。

● 在开始寻找球后，你只有 3 分钟的限度。

● 你不得以异常的方式使用装备（规则 4.3）。

在一轮比赛结束时：

● 与委员会澄清任何疑点。

● 比洞赛，请确保比赛结果被张贴出来或公布。

● 比杆赛，请确保正确填写你的记分卡（包括你和记分员的签名），并将其尽快递交委员会（规则 3.3）。

2. 比赛规则

（1）发球区（规则 6.1、6.2）。

在两个发球区标志之间开球，请勿把球放在发球区标志之前。

你可以在两个发球区标志的前端连线处向后 2 支球杆的长度范围内开球。

如果你从发球区以外打了球：

● 比洞赛中，你不受处罚，但是你的对手可以要求你重新击球。

● 比杆赛中，你要被罚 2 杆，并且必须从发球区内再打一个球以纠正错误，发球区外打的这一杆不予计算。

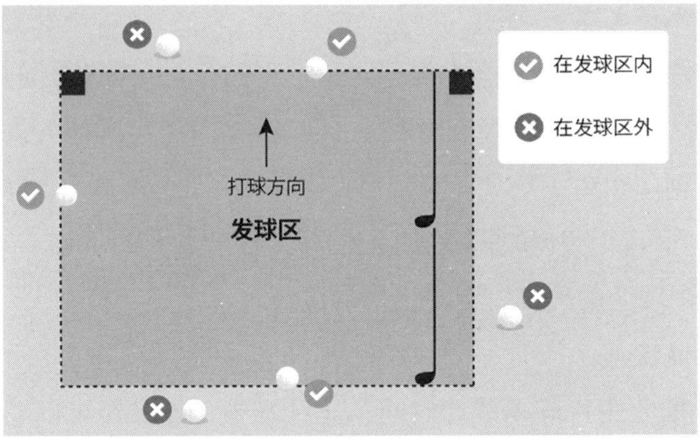

发球区

如果你打了一个错球（规则 6.3）：

● 比洞赛中，你在该洞负；如果你和你的对手互相打了对方的球，则处罚首先对错球进行击球的人；如果不知道谁先打了错球，则不受处罚，双方必须用互换后的球完成该洞。

● 比杆赛中，你被罚 2 杆，并且必须从初始地点打球来纠正错误。对错球进行的击球杆数以及单纯打错球而受到的罚杆数均不予计算。

（2）打球（规则 7~11）。

如果你认为一个球是你的，但是却无法看到自己的辨认标记，你可以标定这个球的位置并把它拿起来进行辨认（规则 7.3）。

①在球场的现有状况下打球（规则 8）。

在球场的现有状况下打球，请勿用下列方式改善静止时球所在的球位、预计的站位或挥杆区域、打球线以及将要抛或放置一个球的补救区。

● 你不得移动、弯曲或折断任何生长着的或连接着的自然物体、不可移动妨碍物、基本组成物或界外标志，以及将要从某发球区击球时该发球区的发球区标志。

● 你不得将一个散置障碍物或可移动妨碍物移动到某特定位置（例如

以此来制造站位或影响打球）。

● 你不得通过以下方式改变地面状况：

* 将铲起的草皮放回到打痕里；

* 移走或向下按压已被放回原处的铲起的草皮或已放置好的其他切割草皮；

* 制造或消除洞穴、凹痕以及不平整的表面。

● 你不得移走或向下按压沙子或松散的泥土。

● 你不得移走露水、霜或水。

②在球的现有位置打球；静止中球被拿起或移动（规则 9）。

如果你静止在球场上的比赛中的球被移动了，通常要按照以下方式处理：

● 如果你的球静止后被诸如风或水等自然力移动，通常情况下必须从新的地点打球。

● 如果静止中球在击球前被任何人或任何外部因素拿起或移动，该球必须要被放置回其初始位置。

● 当你位于任何静止中球附近时，都应当小心谨慎。通常情况下，如果你导致自己的球或对手的球移动，你将受到处罚（推杆果岭上除外）。

③当你准备击球或击球时，应当注意以下几点（规则 10）。

● 你必须使用球杆的杆头正确击打这个球，使球杆与球之间仅有瞬间的接触，不得采用推带、拨扫或舀的动作；如果球杆意外击到球一次以上，只算作一次击球，不受处罚。

● 当你准备采取站位时，并且直到击球完成，不要让你的球童站在打球线后方的延长线上或其附近。

如果你击出的球撞到了人、动物、装备或球场上的任何其他物体，通常情况下不受处罚，并且必须在球的现有位置打球（有关例外请参见规则 11）。

球员采取站位时，禁止球童位于其打球线后方

（3）关于沙坑和推杆果岭的特定规则（规则 12~13）。

①如果你的球在沙坑内，请注意以下几点（规则 12）。

● 你可以移走散置障碍物或可移动妨碍物；

● 在击球前，你不得有以下行为：

* 故意用手、球杆、沙耙或其他物体测试沙坑内沙子的状况；

* 不得用球杆在试挥杆时、为了击球上杆时，或在紧靠前（后）的区域内触碰沙坑内的沙子。

● 几种触碰沙子不会受到处罚的场合：

* 为了试挥杆或击球而采取站位时，将双脚拧入沙子中；

* 出于保护球场的目的而平整沙坑；

* 把球杆、装备或其他物体放在沙坑内；

* 测量、标记球、拿起球、把球放置回原位等按照规则实施行为；

* 休息时、保持平衡时或防止摔倒时倚靠球杆；

* 出于沮丧或愤怒时击打沙子。

但以上行为如果改善了击球环境，则要受到一般性处罚。

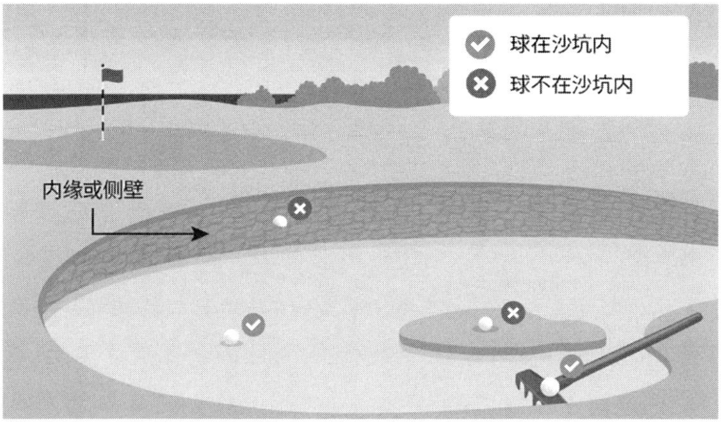

沙坑

②在推杆果岭上，以下行为规则是允许的（规则 13.1）。

● 标记自己球的位置，并将它拿起和擦拭，但一定要把它准确放置回原位。

● 你可以修理由人或外部因素造成的损伤（例外：场务正常保养作业留下的状况、自然状态）。

● 移走沙子和松散的泥土。

● 若意外导致你的球或球标移动，不受处罚。

● 击球时，可以将旗杆留在球洞中。

（4）拿起球、抛球和放置球（规则 14）。

在拿起一个需要放置回原位的球之前（比如在推杆果岭上拿起球进行擦拭），必须要标记这个球的位置。

你必须自己抛球。抛球时，球必须在膝盖高度垂直落下，不得通过扔掷、翻转、滚动或任何其他动作以影响该球可能静止的地点；必须把球抛在并静止在补救区内。

“两抛一置”：若你在两次正确抛球后，球仍然静止在补救区外，你必须在第二次抛球后球首次触及地面的点放置一个球。

抛球的方法

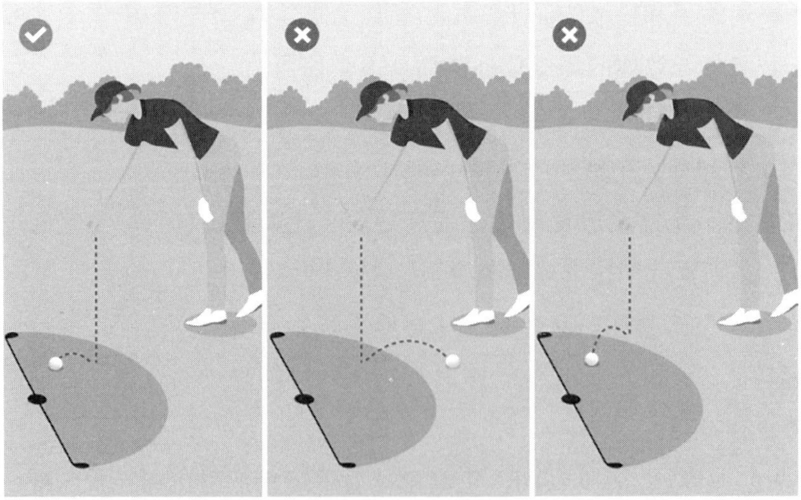

将球抛在补救区内

3. 免罚补救（规则 15~16）

（1）散置障碍物（规则 15.1）。

你可以用任何方式（例如用手、脚、球杆或其他装备）移走位于球场上或球场外的散置障碍物（即散置的自然物体，如石头、散落的树叶和树枝等）。如果你移走散置障碍物时导致自己的球被移动，你要被罚一杆（球位于推杆果岭上时除外），并且必须把这个球放置回原位。

（2）可移动妨碍物（规则 15.2）。

任何地方的可移动妨碍物（即人工的可移动的物体，如沙耙、饮料罐等）均可以被移动，不用受罚。如果球因此而移动，必须把这个球放置回原位，不用受罚。

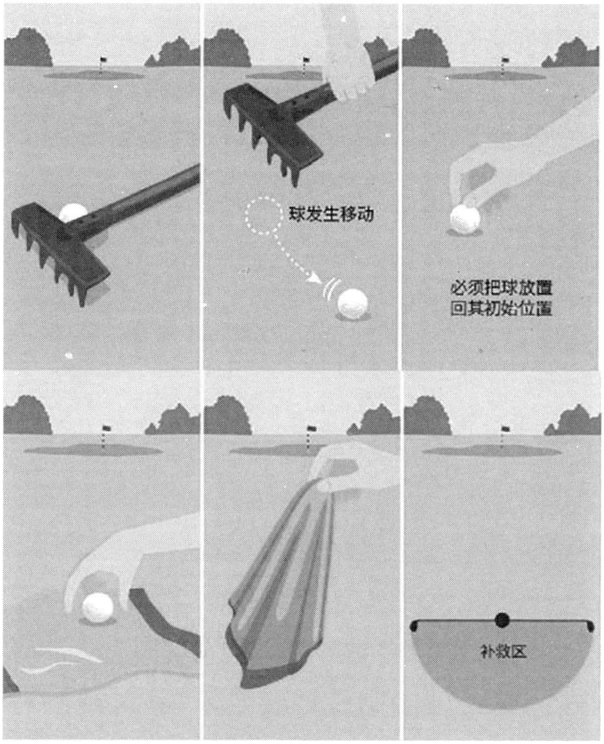

可移动妨碍物的补救

如果球位于可移动妨碍物之内或之上，可以将这个球拿起，移走该妨碍物，然后在这个球原来在该妨碍物之内或之上所在位置的正下方一杆范围内抛球，不受处罚。但球在推杆果岭上时除外，此时要在该点放置球。

（3）有助于或妨碍打球的球或球标（规则 15.3）。

● 当你认为一个位于推杆果岭上的球可能有助于任何其他球员打球时，如果是你的球，你可以将它拿起；如果是别人的球，你可以请该球员将它拿起。

● 如果任何一个球妨碍了你打球，你可以请该球员将它拿起。

你不得同意将一个球留在某位置上以助于或妨碍另一个球员打球。

因有助于或妨碍打球而拿起一个球时，除非它位于推杆果岭上，否则不得擦拭这个球。

（4）异常球场状况（规则 16）。

异常球场状况包括动物的洞穴、整修地、不可移动妨碍物或临时积水等情况。

除非球在罚杆区内，否则，如果异常球场状况对你的球位、预计站位或挥杆区域构成了妨碍，你可以得到无处罚的补救。可以把这个球拿起并在最近完全补救点（参见最近补救点的定义）一球杆范围内且不更靠近球洞的地方抛球。如果这个球位于推杆果岭上，把它放置在最近完全补救点上即可，此时最近完全补救点有可能在推杆果岭外。

当球位于沙坑内时，作为额外的一个选择，你可以在接受一杆罚杆后，在沙坑后方针对该状况采取补救措施。

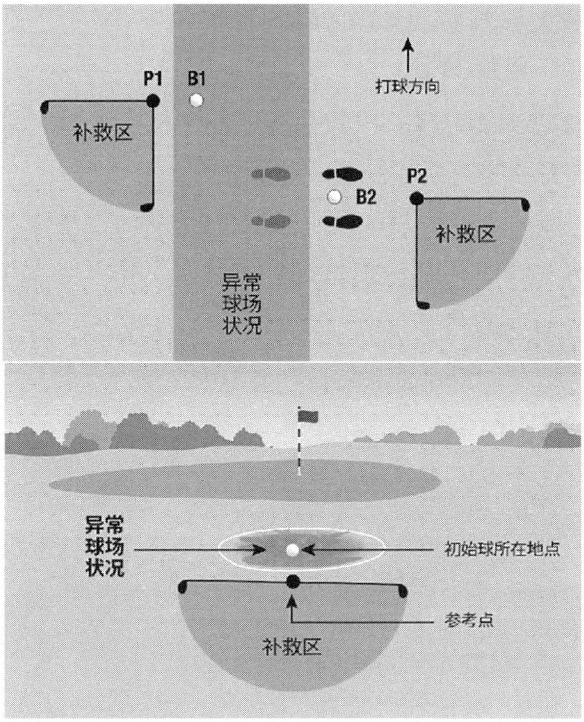
P1
B1
打球方向
补救区
B2
P2
补救区
异常
球场
状况
异常
球场
状况
初始球所在地点
参考点
补救区

免罚补救

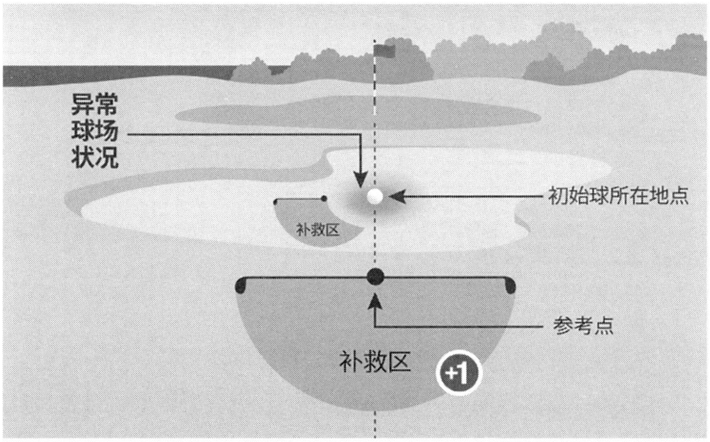
异常
球场
状况
初始球所在地点
补救区
参考点
补救区
+1

沙坑内的补救

4. 罚杆补救（规则 17~19）

（1）罚杆区（规则 17）。

如果你的球进入罚杆区（由黄色或红色立桩、线标识的区域），你可以在现有位置打球，也可以在接受一杆罚杆后：

● 一杆加距离补救：在你上一杆打球的地点再打一个球；

● 向后连线补救：在这个罚杆区的后方抛一个球，距离不限，使球洞、球最后穿越该罚杆区界线的点和抛球点在一条直线上，找一个参考点，并在不比该点更靠近球洞的一支球杆长度范围内抛球。

● 侧面补救（仅限于红色罚杆区）：你可以在初始球最后穿越该红色罚杆区界线的估计点，并在不比该点更靠近球洞的两支球杆长度范围内抛球。

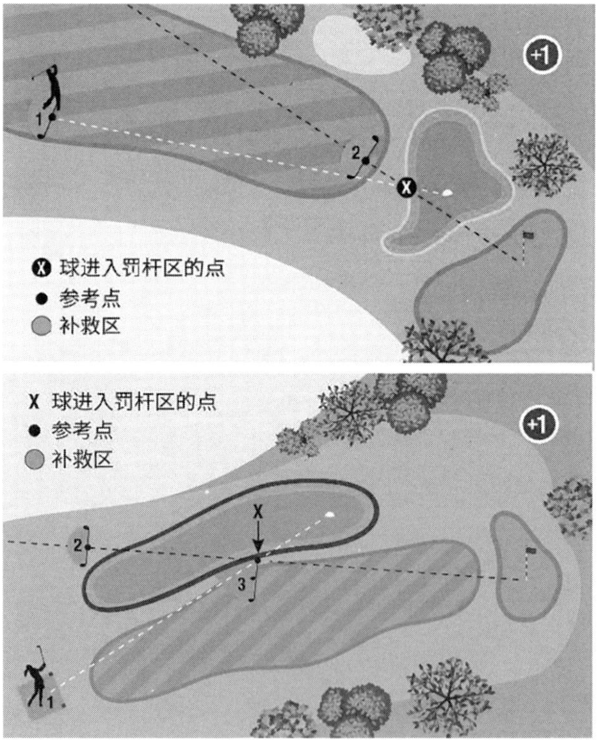

罚杆区补救

（2）球遗失或出界；暂定球（规则 18）。

请检查记分卡上的当地规则以确认球场界限，其通常用栅栏、墙壁、白桩或白线标定。

如果你的球在罚杆区以外遗失或者出界，你必须在接受一杆的罚杆后，在上一次击球的地点再打一个球，即“一杆加距离补救”。

你有 3 分钟的时间来找球，此后如果还未找到这个球，该球即遗失。

击球后，如果你认为自己的球可能在罚杆区以外遗失或出界，为了节省时间，你应当打一个“暂定球”。打暂定球前，你必须清楚地表明这是一个暂定球，并在向前寻找初始球之前打这个暂定球。

如果你的初始球遗失在罚杆区外或出界，被罚一杆后，你必须用这个暂定球继续比赛。如果发现初始球在界内，你必须停止击打暂定球，继续用初始球完成该洞。

（3）不可打之球（规则 19）。

如果你的球在罚杆区之内并且你不想在现有位置打这个球，你就必须按照罚杆区的规则处理，不得应用不可打之球的规则。在球场的其他区域，如果你认为自己的球不可打，可以在接受一杆的罚杆后：

● 一杆加距离补救：在上一杆打球的地点再打一个球；

● 向后连线补救：在该球的停点后方抛一个球，距离不限，使球洞、球的停点和抛球点在一条直线上，找一个参考点，并在不比该点更靠近球洞的一支球杆长度范围内抛球。

● 侧面补救：在该球停点两支球杆长度范围内但不更靠近球洞的地方抛一个球。

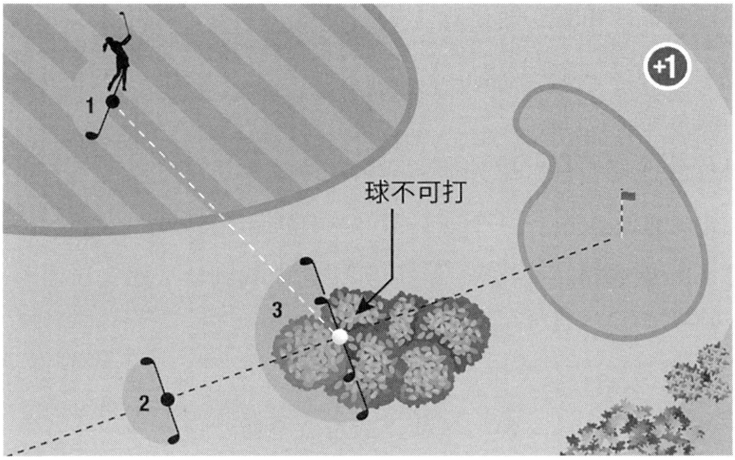

不可打之球的补救

如果你的球在沙坑内，你可以按照以上程序进行处置。如果你选择“向后连线补救”或“侧面补救”，你必须把球抛在这个沙坑内；作为一个额外补救选项，你还可以在沙坑外采取向后连线补救，总计罚 2 杆。

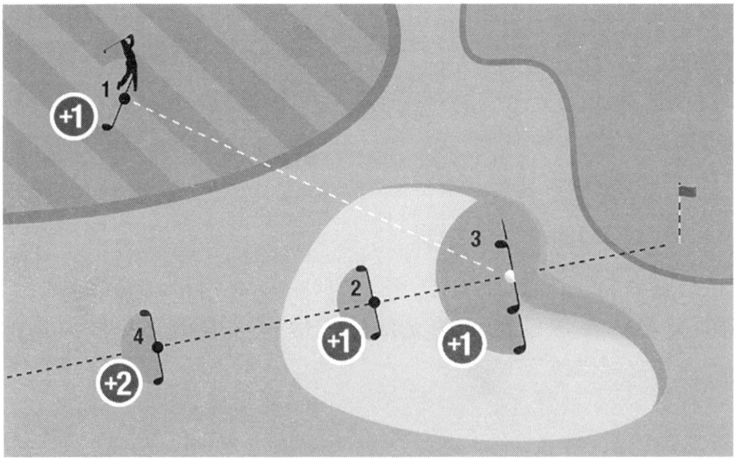

沙坑内不可打之球的处理

三、有关球童规则（规则10.3）

一轮比赛中，球员可以让一名球童携带球员的球杆并提供助言和其他帮助，但关于球童被允许做什么还有一些限制。在一轮比赛中，球员要对球童的行为负责，并且如果球童违反规则球员要受到处罚。

（一）球童可以在一轮比赛中帮助球员

1. 球员在同一时间只能有一名球童

在一轮比赛中，球员可以让一名球童来携带、运输和管理他的球杆，提供助言以及通过其他被允许的方式来帮助他，但要受到以下限制：

- 球员在任何同一时间都不能拥有超过一名的球童。
- 球员在一轮比赛中可以更换球童，但不能单纯为了从新球童那里获得助言而临时这样做。

无论球员是否有球童，任何其他同球员一起步行或骑行的人或为球员携带着其他物品（例如雨衣、雨伞或食物和饮料）的人都不是球员的球童，除非他被球员指定为球童或同时也携带、运输或管理球员的球杆。

2. 两个或多个球员可以共用一名球童

当共用球童的某一特定行为引发规则问题并且需要决定该行为应由哪名球员负责时：如果球童的行为是按照其中一名共用球童的球员的特定指示做出的，该共用者应对此行为负责。

如果没有共用者指示该特定行为，则哪一名球童共用者的球涉及其中，那名球员应对该行为负责。

违反规则10.3a的处罚：球员在任何同一时间内得到超过一名球童帮助的每一个球洞，各洞都要受到一般性处罚。如果违规发生在或继续存在于两个球洞的比赛之间，球员在下一洞要受到一般性处罚。

（二）球童可以做什么

以下是球童被允许和不被允许的行为的示例：

1. 总是被允许的行为（规则总是允许球童采取以下行为）

● 携带、运输并管理球员的球杆及其他装备（包括驾驶球车或拉手推车）。

● 寻找球员的球。

● 在击球前提供信息、助言及其他帮助。

● 平整沙坑或为了保护球场而采取的其他行为。

● 移走推杆果岭上的沙子和松散的泥土以及修理推杆果岭上的损伤。

● 移走或照管旗杆。

● 在推杆果岭上标记球员的球的地点以及拿起和把球放置回原位。

● 擦拭球员的球。

● 移走散置障碍物和可移动妨碍物。

2. 仅当在得到球员授权后才被允许的行为

以下的行为仅当规则允许球员去做并且仅在得到球员授权时（必须是每次特别指出，而不能对这一轮比赛做出一次通用性授权），球童才可以去做：

● 恢复球员的球静止后被破坏的环境。

● 当球员的球位于推杆果岭以外的任何地方时，按照需要把拿起的球放置回原位的规则拿起球员的球，或在球员决定按照规则采取补救措施之后拿起球员的球。

3. 不被允许的行为

球童不得为球员采取以下行为：

● 认可对手下一次击球、向对手认输一洞或整场比赛，或者与对手协商比洞赛成绩。

● 当球员为了击球开始采取站位并且直到击球完成前，故意站在球员的打球线上或在球后方的延长线上，又或者其附近的地方，或是采取其他被规则禁止的行为。

● 把一个球放置回原位，除非球童之前拿起或移动了这个球。

● 在补救区内抛或放置一个球。

● 决定按照某一条规则采取补救；球童可以建议球员这样做，但必须由球员来决定。

（三）球员对球童的行为以及违反的规则负责

在一轮比赛中以及按照规则中止比赛期间，球员对他的球童的行为负责，但一轮比赛开始前或结束后不适用。如果球童的行为违反了规则或球童的行为由球员来做，将构成违规，则球员要根据那一条规则受到处罚。

当执行一条规则需要取决于球员是否已经意识到某些事实的时候，球员的认知被视为包括他的球童已经知道的所有情况。

四、高尔夫球运动礼仪

礼仪与行为规范本身就是《高尔夫规则》不可分割的一个组成部分。对于高尔夫球运动爱好者而言，打高尔夫首先需要学习的就是一些基本礼仪和基本规则，而不是扛着球杆就下场；能不能自觉遵守高尔夫礼仪和行为规范，某种意义上甚至可以说比是否掌握了多少具体的规则条文来得更为重要。

打球的基本礼仪包括：

1. 保持守时

每场球都会有一个“开球时间（Tee-time）”，也就是第一个洞开球的时间，由球会根据球友的预约进行安排，如上午 8：30 开球等。

正式比赛对出发时间的要求是非常严格的。规则规定：球员必须按照规定的时间开始比赛。超过规定时间 5 分钟之内到达发球区并做好击球准备的，比洞赛第一洞负、比杆赛第一洞罚 2 杆；超过规定时间 5 分钟以上的，取消比赛资格。

球友间平时的球叙当然很难做到严格按这一条规定执行，因为一般来说不可能真的不让迟到者打球了。但是，作为一种最起码的礼仪要求，爱好者应该自觉养成良好的“守时”习惯，如确实有特殊原因可能迟到的，也应该在第一时间通知同组球友，让等待的人心中有数。

2. 注意着装

作为一种“绅士运动”，高尔夫着装有其特别的讲究，如必须穿有领的 T 恤衫、不能穿牛仔裤下场、裤腿的长度不能短于膝盖、在室内活动时要脱帽等，注意这些着装礼仪可以让打球更愉快。

3. 彬彬有礼

包括不要在球场上大喊大叫，不要随意评价或指责同组球友的挥杆，不要乱扔烟头、点心包装纸或其他废弃物，不要不管不顾或脸红耳赤地争论不休甚至吵吵闹闹；最后一个洞完成后离开果岭时应互相脱帽握手等。

4. 讲究形象

包括不要污言秽语、粗话连篇，球员不应无端指责甚至肆意责骂球童，不要动不动就摔杆、发火，遇到堵车等令人不快的事情时尽可能心平气和地对待。不少球友打球时喜欢“小赌怡情”，既可以增加场上的竞争性，也可以更多地提升打球乐趣，但也要注意不可太过张扬，不应毫无遮掩地在果岭上数钞票，赢了得意洋洋，输了骂骂咧咧等。

5. 为他人着想

高尔夫精神的内涵之一便是“随时为他人考虑”。

规则的相关规定包括：

（1）在球场上应避免因为走动、聊天或制造出一些不必要的声响而对其他球员的击球造成影响。

（2）应确保携带的电子设备不对其他球员造成干扰。球场上最常见的有可能造成干扰的电子设备就是手机，应养成一下场就主动将手机调成震动或静音状态的习惯（特别是在参加比赛活动时），于人于己都不无益处。

（3）在发球区还没有轮到自己开球时不应抢先架 Tee。

（4）当有人准备击球时，其他球员不应站在其球位附近或正后方，也不应站在球洞的正后方。

（5）果岭上有人推杆时，其他球员不应站在其推击线方向，也不应将太阳照射下的身影投射到其他球员的推击线上。此外，一些球友在果岭上所谓的“无意识干扰”行为，既很容易给当事人推杆造成额外压力，也是一种违反高尔夫礼仪的行为，包括站得离推杆的球友身体太近、其他人推杆时在一旁嘻嘻哈哈聊天逗乐，或在其附近走来走去地摆线、自顾自瞄准等。

6. 维护打球秩序

球场上一般是少则几十人、多则上百人在同时打球，维护场上正常的打球秩序显得特别重要，否则很容易发生堵车、混乱、安全等问题。

规则的相关规定包括：

（1）保持合适的打球速度。每一组球员都有责任跟上前一组的速度，如果已经整整落后前一组一个洞并压住了后一组，不管后一组是几个人，都应该主动让后一组的先超过；即便是没有落后到一个洞的程度，如果后一组的打球速度明显要比自己这一组快，同样也应该主动让后一组超过。

（2）轮到自己击球前应先做好准备，尽快站到自己的球位旁边准备击球，不要非等到打球那一刻才不紧不慢地戴手套、拿球杆，或者反复不停地空挥杆“找感觉”。

（3）为了节省时间，当球有可能在水障碍区以外遗失或界外时应先打“暂定球”，不要总抱着一种“找得到”的侥幸心理。

很多球友都听说过“慢打快走”，所谓“慢打”，并不是说真的就每一杆都慢吞吞，这句话有两个方面的含义：第一，击球时可以从容一些，不宜匆匆忙忙地挥杆；第二，打完一杆后，要尽快往前朝自己的球位走，不要耽误时间。

一些球友在场上打球非常认真，击球前反复思考，轻易不动手；果岭上来来回回看线花费很多时间。打球认真当然没有问题，但还是不能忘了“保持合适的打球速度”这一规则要求。

业余爱好者在场上容易影响打球速度和秩序的典型行为还有：

- 在发球区没完没了地聊天、逗乐打趣，或无休止地“谈条件”，不管后面是否还有人等着开球。
- 慢慢悠悠边走边聊，打得再慢也不同意让组，更不用说主动提出让组。
- 早该轮到自己打球了，还是不停接打电话。
- 在场上停下打球而去讨论事情或争论不休。
- 同组的球早都攻上了果岭，却依然不慌不忙地朝自己在果岭外的球位走去。

7. 对场地的保护

规则的相关要求包括：

（1）平整沙坑。离开沙坑前，应仔细地平整好被自己或其他人踩出来的脚印、凹陷等。

（2）修复草皮、修理打痕及地面损伤。应修复好挥杆铲起的草皮和果岭上因球的冲击造成的损坏（不管是不是由于本人原因造成的），在同组球员都打完一洞时，应修复好高尔夫球鞋对果岭造成的损伤。

（3）避免不必要的损坏。在试挥杆时应尽量避免铲起草皮；不管是因为生气或其他原因，都不应该用杆头砸地而对球道造成损害。

（4）为了避免对球洞的损害，球员和球童都不应该站得离球洞太近，从球洞中取出旗杆或球时也应特别小心；不应用杆头将球从球洞中捞出来。

（5）在果岭上站立或行走时不应拄着球杆，尤其是从球洞中取球时。

8. 安全问题

规则的相关要求包括：

（1）在击球或试挥杆时，应确保无人站在可能被球杆、球、小石子或小树枝等击中的地方。

（2）在前方的击球距离范围内还有人时不应该击球。

（3）准备击球前，应注意观察附近或前方是否有球场的工作人员，要考虑击球是否有可能对他们造成伤害。

（4）挥杆击球后，只要球飞行的方向有可能击中其他人，都应立即大声发出警示，一般习惯用的警示用语是大喊“看球（fore）”。

第五节　高尔夫球运动基本技术

一、全挥杆基本技术

（一）握杆

握杆是最复杂和难度最大的基本技术。有若干种可以选择的握杆方法，球员需要了解一系列动作要领，掌握一种在技术上正确的握杆方法。

握杆技术对杆面在整个挥杆过程中的变化有着巨大的影响。挥杆过程中我们经常会发现，许多错误的技术动作纯粹是为了补偿错误握杆导致的杆面偏离而产生的。

1. 握杆要领

正确的握杆技术有若干个要领，可以划分为上面手的握杆、双手的接合以及下面手的握杆。

（1）上面手的握杆。

上面手是正确握杆的三个关键技术之一。具体地说，上面手的小鱼际压住球杆的上部，并在上杆至顶点时拖住球杆。

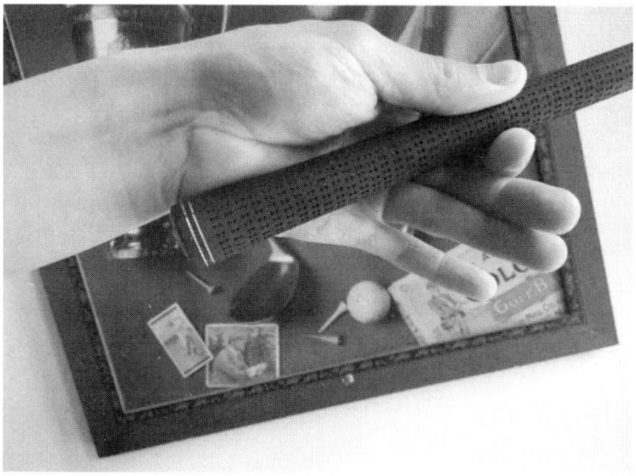

上面手的握杆

双手的连接

错误的上面手握杆和小鱼际位置不当的典型表现是手套在掌部磨出一个洞，或者是在挥杆过程中握杆松动或重新进行握杆。

为了使上面手握杆有力，使小鱼际紧贴球杆，确保顶点，需要掌握几个要领：拇指和食指并拢并在虎口处贴紧；食指钩住握把，形成的压力可以固定住握把的正面和背面。

（2）双手的接合。

当上面手握把的位置正确时，握杆的第二要领（即上面手拇指背与下面的手掌连接的方式）就能很好地掌握。不管怎样，如果上面手握杆不正确的话，双手则永远不能完全接合，握杆和随之形成的手的相应位置将总是不正确的。

双手的接合并非指双手怎样连锁或重叠，它指的只是两只手之间的接合部分。只有上面手的位置正确，下面手的生命线才能紧贴上面手的拇指背。

下面手握杆更多的是用手掌握杆，与之相比上面手握杆则更多地用手指握杆并将手腕置于握把的正上方。

使双手合理连接的好办法就是将下面手“楔入”。这将使双手能正确地结合。其目的就是在整个挥杆过程中保持握杆稳固。

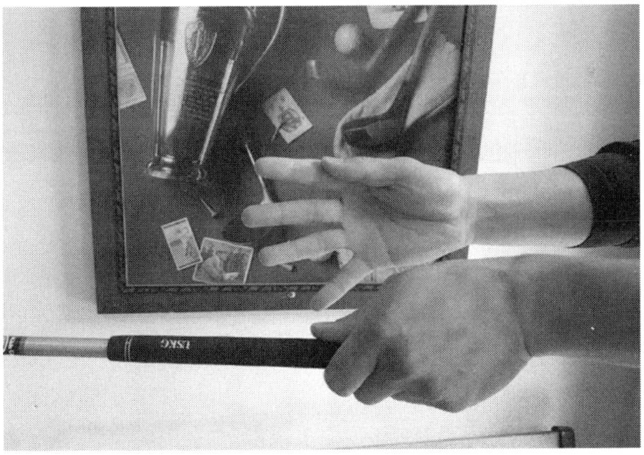

双手的接合

（3）下面手的握杆。

当双手有了正确的接合时，将发现下面手的底部（离第一个指节不远处）紧贴在握把和球杆背面。这就是握杆的最后一个关键位置。它是位于球杆的背面，离杆头最近的部分。这一部位如果出问题，杆头就会出问题，因为它控制了整个击球区域杆头和杆面的运动。同样，这也是击球感觉最强烈的点。这里的感觉提供了球杆向球运动时最重要的反馈信息。

除了上述三个要点，还需考虑与握杆有关的其他几个要点：

球杆在手中是与手掌呈一定角度的（既不垂直也不平行）；

上面手主要用手指握杆，手腕在握把的上方；

下面手主要用手掌握杆，手腕在球杆的背面；

双手的拇指和食指都应“黏”在一起。

2. 握杆的方式

现有几种不同类型的握杆方式，我们可以通过连接的类型和握杆的指向来进行区分。

（1）连接的类型。

①瓦登握杆（也称重叠式握杆）。

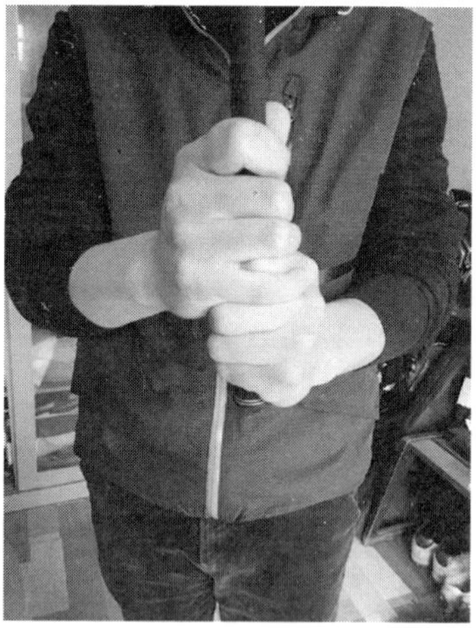

重叠式握杆

全世界大多数职业球员使用此种握杆方式。这种握杆方式最适合手指细长的球手。下面手的小指置于上面手的食指和中指之间。

②连锁式握杆。

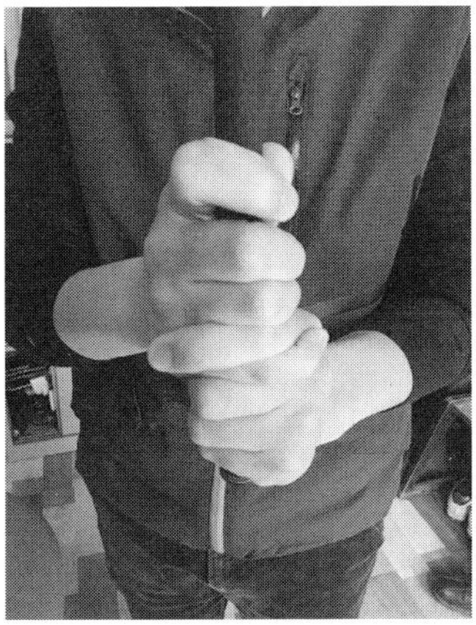

连锁式握杆

这是尼克劳斯和伍兹最喜爱的握杆方式。这种连锁式握杆方式最适合手指短，尤其是手指较粗的高尔夫球手。使用连锁式握杆方式时，将下面手的小指扣在上面手的食指和中指之间。

③十指握杆（也称棒球握杆）。

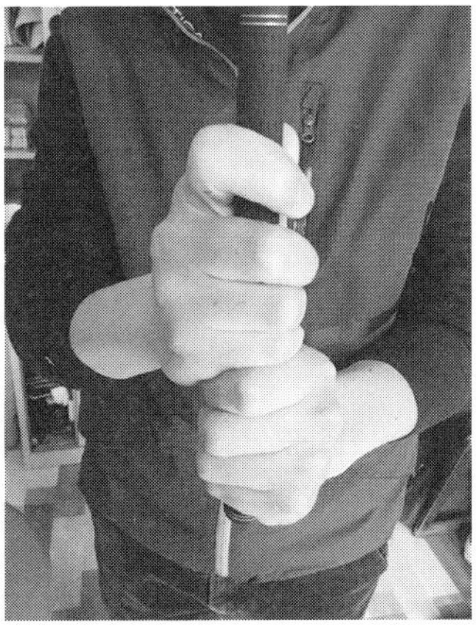

十指握杆

这是最简单的一种握杆方式，它不需要沿手掌生命线将双手接连，也不是连锁式或重叠式握杆。因此，卓越的高尔夫球手通常会选择最适合他们手的大小和手型的握杆方式。

（2）握杆指向。

握杆的指向是通过观察上面手和下面手的“V”字所指的方向来确定的。握杆正确时，两个 V 字所指的方向是平行的。如果球员能做出相应的补偿动作，那么即使与理想的握杆指向存在较小的不同也是可以接受的。当握杆完全偏离时，它会对打球质量造成很大的影响。

现有的握杆可分为三种类型：中势握杆（绿色区和线条）、强势握杆（红色区和线条）、弱势握杆（蓝色区和线条）。

（二）瞄球体系

1. 杆面的瞄准

瞄准过程中的每一个环节都是围绕如何使杆面指向正确的方向而展开的。而在目标线上找到一个中间目标作为参考点会对你的瞄球有所帮助。这条线经常作为一条基准线协助完成瞄准过程的其他环节，还可以检查挥杆位置的准确性。这是瞄准过程最重要的环节。没有正确的杆面瞄准，瞄准过程的其他环节也没有办法完成。

2. 双臂的瞄准

瞄准体系的下一个环节就是双臂的瞄准。当一名球员使用强势或弱势握杆时，它会直接影响双臂的瞄准。球员瞄准正确时，会感觉到球杆、双臂和上体之间强有力的协调一致，这需要时间和经验的积累。

3. 双肩和躯干的瞄准

双肩和胸部与目标线平行。

4. 臀部、膝盖和双脚的瞄准

这是最后的瞄准环节，它们三者的指向都应平行于目标线。

（三）站姿

站姿指的是身体弯曲方式。主要有三个弯曲点，从下到上分别是：踝胫线、膝臀线、臀颈线。这三个弯曲点的结合决定挥杆动作在整个过程中是否能够平衡。理想的站姿决定身体的平衡点在双脚上的位置。它同时使臀部形成一个倾斜的角度。这两个因素对球员提高杆头速度的能力具有直接的影响。

（四）挥杆位置

挥杆基础技术中的标准位置有击球准备、起杆、上杆、顶点、下杆、释放、击球、送杆、前挥、收杆。每一个位置都有各自规范的检查要点，运用这些要点的关键并非是对每一个位置逐个进行动作纠正，而是将所有位置连贯起来，做出正确的挥杆动作。

挥杆技术分解图

一般在挥杆练习中，匹配相应的挥杆幅度如下：

（1）起杆—送杆。

（2）上杆—前挥。

（3）顶点—收杆。

二、果岭推击基本技术

推击是比赛的最后一部分，因为对于多数高尔夫球员来说，它大约占击球数的50%。推击是最容易掌握的技术，在高尔夫球运动中，挥杆动作最小，球沿地面滚动，使用的球杆也是最短的。然而，解读果岭以及对速度和拐点判断的能力需要多年才能掌握。也正因为如此，推击可能是比赛中最容易令人沮丧的部分。

推击基本技术将从以下三个部分进行说明：

- 击球准备；
- 握杆的类型；
- 距离的控制。

（一）推击的击球准备

从“推杆的击球准备”图中可以看出：

- 双眼垂直线位于球的上方或在球的稍微内侧；
- 杆身和前臂成一条直线；
- 上身前倾；
- 推杆的杆头和小臂瞄准同一方向；
- 推杆的杆头平放在地上；
- 双脚朝前打开，与目标线垂直；
- 推杆杆面的瞄准：与设想的出球方向垂直。

推杆的击球准备

（二）握杆的类型

推击没有非常固守的规定，由于人们会力求用各种方式将球推入球洞，你会看到各式各样的推击前基本动作，因为有若干种不同的握杆法可以帮助人们将球击入球洞。但是它们有一个共同特征，也就是手腕动作在推击中占很小的比重，最好去除所有腕部动作。如果曲腕，将产生过大的力，导致击球距离控制欠佳，从而使推击的准确度降低。

无需依靠任何不必要的手腕动作来准确推击的要领之一就是球杆和身体的连接——握杆。推击要求使用一种不同于全挥杆的握杆方式，标准的长杆握杆方式可以让手腕弯曲以产生力量。推击要求力量较小，但要非常准确，所以必须采用一种不同的握杆方式。

（1）反向重叠式握杆。

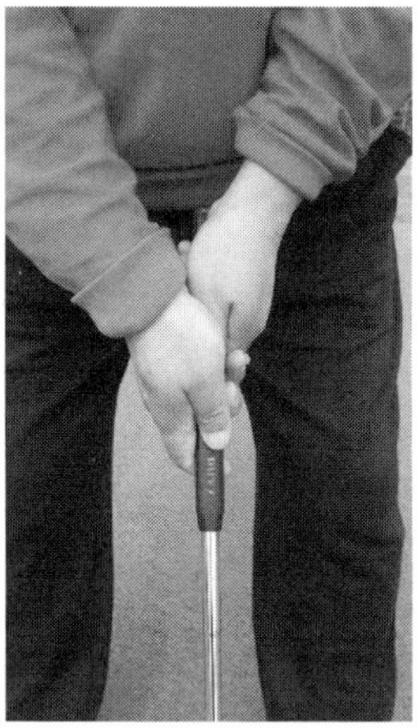

推杆的反向重叠式握杆

这是多数高尔夫球员采用的握杆方式，它是从全挥杆握法中使用的重叠式握杆方式演变而来。他们的区别在于上面手的食指放在外面，并搭在下面手的几个手指之上。这种握杆法使手和腕部难于弯曲和向下移动。

（2）反手握杆。

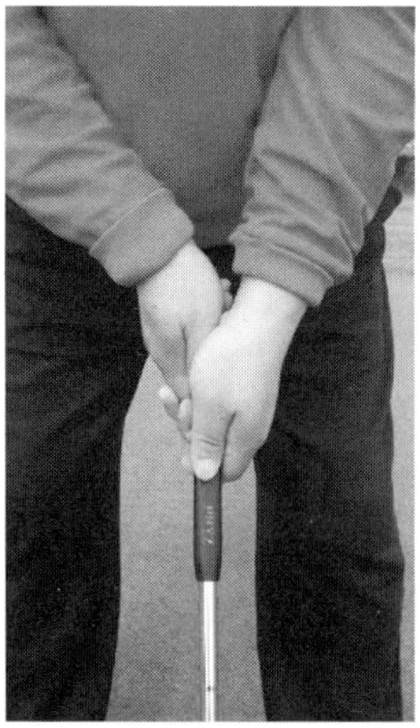

推杆的反手握杆

这是高尔夫球新手开始采用的绝佳握杆法。因为它使前侧手臂具有控制击球的强烈感觉，而且只用微小或完全不用手腕动作。

前侧手充当下面手，这与正常握杆相反。

（3）双手分离式握杆。

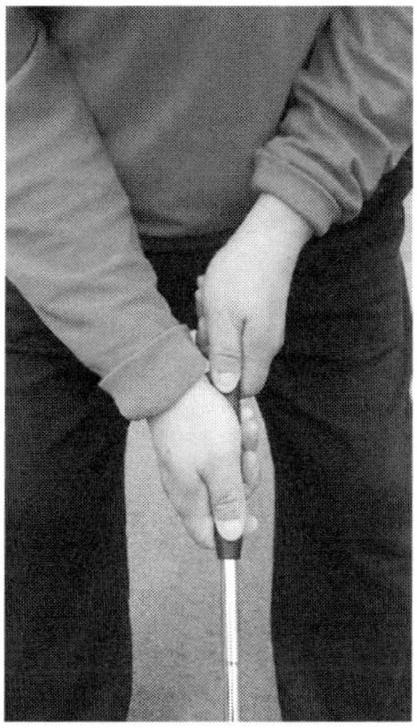

推杆的双手分离式握杆

这种握杆方式是控制双手协调一致的好方法。由于两只手分开，球员对于手腕的任何动作都将有强烈的感觉。

三、推击距离的控制

要成为一名推杆高手，最重要的技能就是距离的控制。控制距离的方式是保持相同的推击节奏，而改变推击动作的幅度。上杆的幅度增加时，杆头有更长的加速时间，从而产生更快的杆头速度和更远的推击距离。通过对上杆幅度的调整，可产生预想的杆头速度。上杆与送杆的幅度要基本对称。

（1）近距离推杆。

近距离推杆技术

（2）中距离推杆。

中距离推杆技术

（3）远距离推杆。

远距离推杆技术

【思考与练习】

1. 简述高尔夫球运动的起源。
2. 高尔夫球场由哪几部分组成？
3. 高尔夫装备一般有哪些？
4. 击球进入罚杆区后，该如何处理？

5. 瞄球的体系有哪些？

6. 试述挥杆位置有哪些。

【课外阅读】

特殊球位处理方法

在特殊球位状态，一些水平有限的客人往往无所适从、发挥失常，此时客人需要得到简单明了的助言以增强击球信心。因此，球童若能了解这些特殊球位的处理方法，将有助于为客人提供更完善的服务。

（一）坡度球位打法

1. 上坡球位（uphill lie）

上坡球位会增加球杆的杆面倾角，击出的球比在平坦球位上更高，距离也会更近些。因此在选杆时要选择较平常大一号或两号的，也就是选择杆面倾角较小的杆。站位时，使双肩与坡面平行，身体重心更多地由右脚支撑，身体保持稳定。挥杆时注意沿着坡面的倾角慢挥。因为球位位于上坡，下杆时身体需要克服重力和阻力，身体重心从右脚转移到左脚上会较平常困难。因此，在下杆时，左脚向着目标方向抬起，使身体更为伸展，帮助更好地实现身体的重心转移，使得球的位置与在平坦球位上一样。

在打上坡球位时，因为身体的重心转移和下半身转移需要克服重力和阻力，故双臂会比身体移动得稍快，以致杆面会比在平坦球位时关闭得更快，这意味着击出的球容易发生左曲或右拉，所以在瞄准时需将这一因素考虑在内。

2. 下坡球位（downhill lie）

打下坡球时，身体脊柱线垂直于斜坡面，双肩与坡面平行，以更方便沿着坡面进行挥杆。不过，这样的安排较易形成直立式的挥杆，使杆面在击球时保持正对增加了难度，这也是下坡球很易发生右曲的原因。为了让挥杆平面更为低平些，将右脚向后拉，采取稍关闭的站姿，球也相应地向右脚方向后移 2~3 英寸（约 5~7.6 厘米）。整个击球过程中，注意沿着坡面进行挥杆，击球时应先击到球，再击地。

3. 球高于双脚（above feet）

当球的位置高于双脚时，球杆总会自然地由目标线内逼近球，杆面会在击球区域关闭，如此一来就会消减杆的杆面倾角，球弹道会较为低平，且易于发生左曲。因此，在选杆时选择小一号的球杆，而击球的距离并不会受到很大的影响，因为击出的低平左曲球落地后通常会有很长一段的滚动距离。瞄球时，注意将击出的球易发生左曲的可能性考虑在内。将身体的重心平均地分配在脚部中央，使身体站得更直。

上杆到全挥的四分之三的高度，上杆的同时保持上身水平，采用扫球的挥杆模式，这一点与打棒球的感觉很相似。

4. 球低于双脚（ball below feet）

当球在脚的下方时，球容易发生右曲，这是因为斜坡会加剧脊柱的前倾，使挥杆更为陡直，难使杆面在击球时保持正对。同时，球位的坡度会加大球杆的杆低角，这也是导致右曲球的另一原因，所以，选杆时，可以选择大 1 号的球杆来弥补这种球位造成右曲球的倾向，握把握在杆柄的底部，加宽两脚之间的宽度使之与肩同宽。膝部较平常弯曲，增加弯腰的角度，使身体更接近球。将杆面正对于击球的目标线摆好，然后使身体与杆面垂直。球的位置与平常一样。

当球位于脚的下方时，关键就是实现稳定触球，因为这样的球位，很容易打出剃头球，或者在击球时身体失衡，所以挥杆的幅度不要太大，上杆到四分之三，下身转动的幅度尽量减小，并注意消除任何不必要的动作。整个挥杆过程中保持膝部的弯曲。

（二）特殊情况下的击球技术

1. 逆风球

在发球区发球时，球座应比平时插得低些并稍微前倾，球位比平时更靠近两脚中央。引杆和上杆的速度较平时要有意放慢一些，注意控制杆头方向，避免过分用力，要特别注意动作流畅，多向前送。在球道上打逆风球时，要根据情况选择大号的球杆，挥杆时注意保持动作的平衡和节奏，不要过分用力挥杆。

2. 顺风球

在开球区发球时，球座应比平时插得高一些，并稍向后倾斜，以保证杆头下挥至最低点再向上运动时能击中球。准备击球时，球位略靠近左脚方向。在球道上击球时如果把球位从正常位置后移，下杆击球时略早些，还可以打出准确度很高的低弹道球。

3. 侧风球

侧风是指与球的飞行路线有一定角度的风。这种风不仅会影响打出的球的飞行距离，而且会影响球的飞行方向。在侧风中击球，最好打低弹道球，以便更大限度地减少横向风对球飞行的影响。

4. 雨中击球

（1）选用比平时稍长的球杆。最好穿有钉子的高尔夫球鞋；使脚牢固地站稳在地上，在积水地面击球时，站姿应略低。

（2）挥杆时尽量减少身体转动的幅度，多打直线球。

（3）要观察场地的湿度和积水程度，用长铁杆击球时，要干净利落，上杆要比平时平而陡直。

（4）积水地击球如同沙坑击球。双手握杆在球前，引杆和上杆须陡直，向下击球时应先击到球后 1~2 厘米的水中。

5. 高抛球

（1）上杆时身体重心在右脚，下杆时移至左脚。主要靠肩、臂的转动来击球，手与手腕的动作减少到最低限度。

（2）身体要站稳，挥杆的幅度不必很大。

（3）下杆击球时动作要轻松，右臂和右手有“甩”的动作，要打“实”球，打“穿”球。

6. 低滚球

（1）挥杆时以肩膀摆动来带动双手和球杆。上挥不能太高、时间太长，双手与手腕在整个击球过程中保持固定，手腕在上杆时可以弯曲，但仍要顺目标线后举并前送。击球的刹那，杆头不能超过双手。切短低球时手部动作稍多一些。

（2）做挥杆动作时，头部保持固定。下杆时手腕保持固定角度，不要向前弯曲。击球时保持手腕伸直，以杆头趾部击球的中下部。击球要干脆。

（3）球打出后，杆头顺着地面向前滑动一段距离后，再将杆头举起。

第三章　球童基础技能

第一节　服务前的准备

一、检查仪容仪表是否符合要求

高尔夫球场的客户大多是社会经历丰富、眼界开阔、见识广博的人。因此球童应在生活、工作等方面思考客户的特点，使自己尽快具备这些特点或掌握这些特点的表现形式，从穿着、言谈、举止、情趣等方面注意日常习惯的培养，尤其必须具备仪容仪表方面的礼仪知识，在服务之前要认真检查自己、演练自己。

仪容，通常是指人的外观、外貌。在人际交往中，每个人的仪容都会引起交往对象的特别关注，并将影响对方对自己的整体评价。

仪表是综合人的外表，包括人的形体、容貌、健康状况、姿态、举止、服饰、风度等方面，是人举止风度的外在体现。风度是构成仪表的核心要素。

真正意义上的仪容美，应当是仪容自然美、仪容修饰美、仪容内在美三个方面的高度统一。在这三者之间，仪容的内在美是最高境界，仪容的自然美是人们的心愿，而仪容的修饰美则是仪容礼仪关注的重点。

要做到仪容修饰美，自然要注意修饰仪容。修饰仪容的基本规则是美观、整洁、卫生、得体。

成功的仪表修饰一般应遵循以下原则：

适体性原则：要求仪表修饰与个体自身的性别、年龄、容貌、肤色、身材、体型、个性、气质及职业身份等相适宜和相协调 。

时间（Time）、地点（Place）、场合（Occasion）原则；简称 T.P.O 原则，即要求仪表修饰因时间、地点、场合的变化而相应变化，使仪表与时间、环境氛围、特定场合相协调。

整体性原则：要求仪表修饰先着眼于人的整体，再考虑各个局部的修饰，促成修饰与人自身的诸多因素之间的协调一致，使之浑然一体，营造出整体风采。

适度性原则：要求仪表修饰无论是在修饰程度，还是在饰品数量和修饰技巧上，都应把握分寸、自然适度。追求虽刻意雕琢而又不露痕迹的效果。

二、清点携带品

（1）球场统一的制服。一般为安全帽、太阳帽、纱巾、T 恤、长裤、手套、高尔夫球鞋等。

（2）若干个备用球（最好统一牌子或者有自己的标志，免得与同伴的球混淆）。

（3）高尔夫球 Tee，5~10 个（长 Tee、短 Tee 均要配备），Ball-marker 3~5 个。

（4）一定量的食物和饮用水。根据个人喜好配备，但是建议不要带太多和太难消化的食物，一边打球一边吃东西其实不是太好，但是补充足够的水分很重要。

（5）防晒用品，防晒霜等。

另外，还需准备记分卡、沙袋、高尔夫清洁刷、小瓶子、铅笔、果岭叉、雨衣、雨包套等。

第二节　服务技能

一、接包与接待

（1）多人站立时应成一排，双手置于前方，面带微笑，等待顾客来场。

迎宾（1）

（2）顾客到场时，应上前致欢迎礼，并准备接包。

迎宾（2）

（3）将球包交换券（卡）系于球包后的铁环上，将小券联撕下并双手递给客人，告知客人此小券用于取包，请客人妥善保管。

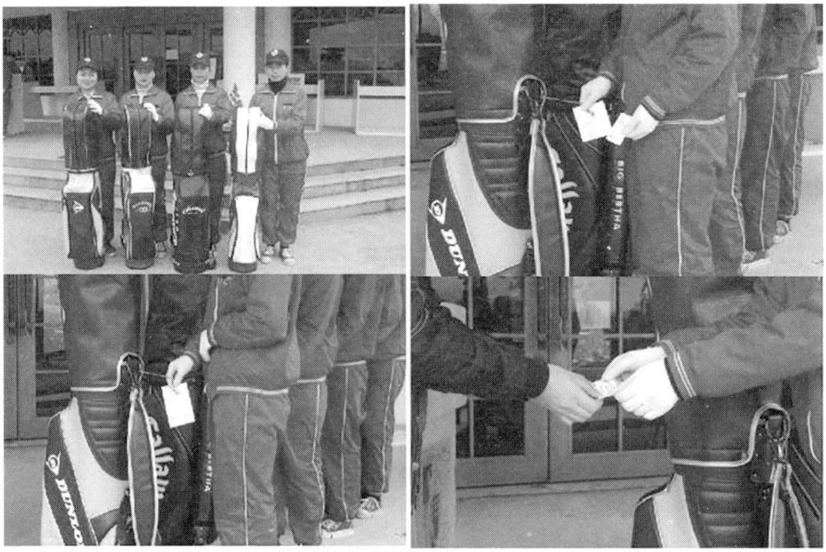

球包交换券（卡）

（4）将球包运送至出发处，背包时应将球包带放置于一侧肩膀，同侧手扶住包帽，防止球包晃动不稳而掉落。

背球包

扫码可观看接包、挂牌视频　　扫码可观看运送球包至出发处视频　　扫码可观看绑包视频　　扫码可观看出发视频

二、球道介绍

球童应熟记球场各个球道的有关信息，包括每个球道不同发球区的距离，第一障碍区的位置、距离，球道左右两侧是否有出界或水障碍区，以及最佳击球方向等。

EVENT ____________　　NAME　　HANDICAP　　MEMBERSHIP NO　　SIGNATURE

DATE ____________　　PLAYER A ____________

MARKER ____________　　PLAYER B ____________

PLAYER C ____________

PLAYER D ____________

HOLE	1	2	3	4	5	6	7	8	9	OUT
BLACK	411	576	193	450	314	392	170	534	380	3426
GOLD	383	549	169	424	292	368	148	508	367	3208
BLUE	370	525	161	399	282	345	132	486	344	3044
WHITE	329	490	140	358	264	313	112	461	321	2788
RED	279	452	120	327	217	263	90	440	255	2443
PAR	4	5	3	4	4	4	3	5	4	36
A										
B										
C										
D										
HANDICAP	11	3	17	5	13	7	15	1	9	

HOLE	10	11	12	13	14	15	16	17	18	IN	TOT	HDP	NET
BLACK	523	464	379	182	428	423	128	559	437	3613	7039		
GOLD	501	444	361	166	414	401	197	543	419	3446	6654		
BLUE	486	417	340	160	398	378	176	509	399	3263	6307		
WHITE	453	371	304	140	386	338	158	472	357	2979	5767		
RED	414	316	252	115	340	297	143	438	293	2608	5051		
PAR	5	4	4	3	4	4	3	5	4	36	72		
A													
B													
C													
D													
HANDICAP	4	12	14	18	10	8	16	2	6				

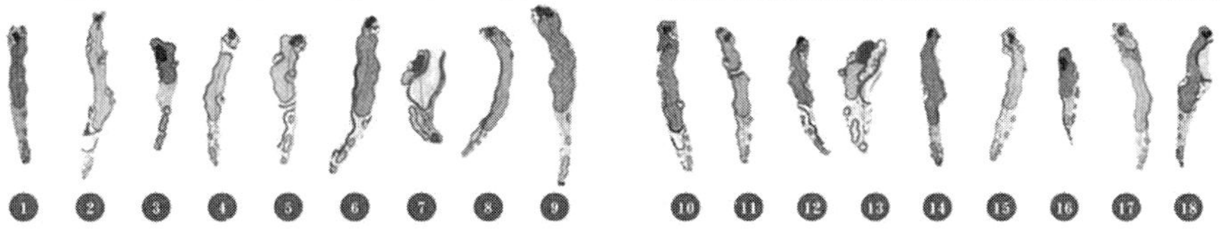

记分卡

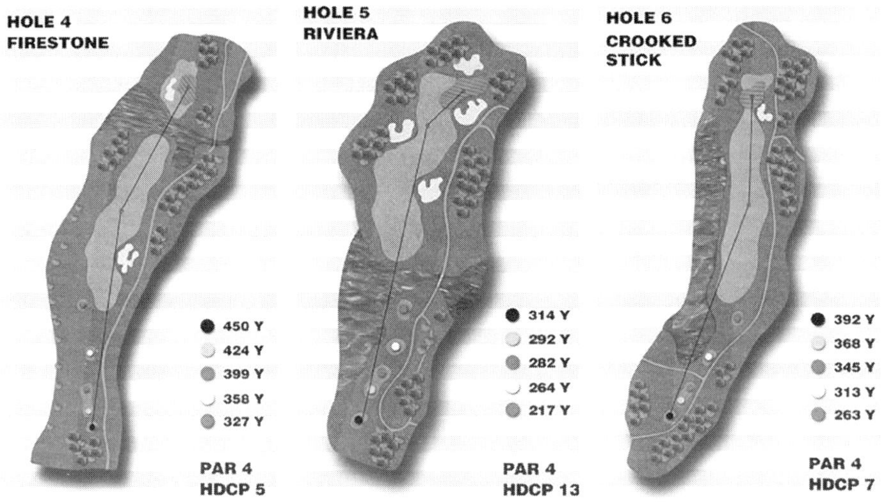

球道示意图

三、递送、清洁球杆

球童应及时为球员递送球杆。以正手球员为例，球童递送球杆时，左手在上，右手在下，双手持杆递于球员。

递送球杆

在球员击完球后，球童应及时收回球杆，并清洁球杆。清洁完毕后，套回杆头套，快速放回球包内。

擦拭球杆

木杆装回杆头套

四、补沙、修补打痕

球员击球后，一般都会制造出打痕，球童应及时修补打痕，尽量恢复原状。一般步骤为：捡回打起的草皮（整块），将草皮放置回原处，踩平后补沙。

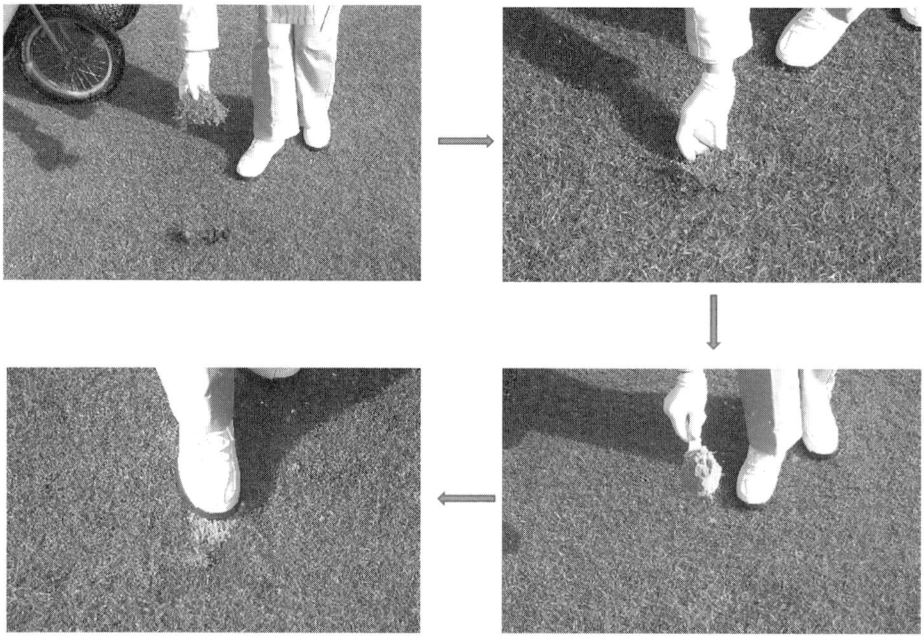

修补打痕

五、平整沙坑

球员击打完落入沙坑内的球后，一般会在沙坑内留下脚印以及打痕。

沙坑击球

球员将球击出沙坑后，球童应尽快将脚印及打痕进行平整，尽量恢复原状。平整完后，将沙耙放置在沙坑边。

耙沙

六、果岭球痕、旧洞埋迹的修理

规则赋予球员在修理球痕及旧洞埋迹等果岭表面损伤时，可以触及其打球线的权利。

由于攻果岭的击球，一般都会给果岭表面造成球痕（球从高处落下，由其自身的冲击力而造成）。球场定期会更换球洞位置，因此需要进行旧洞埋迹。以上两者如果在球员的打球线上，球员或球童可以进行修理。

果岭球痕

修理步骤：可以先将球痕中心位置被擦伤的草用修叉挑出，再将球痕周围的草往球痕中间挤。必须注意力度，防止用力过猛而造成枯斑。

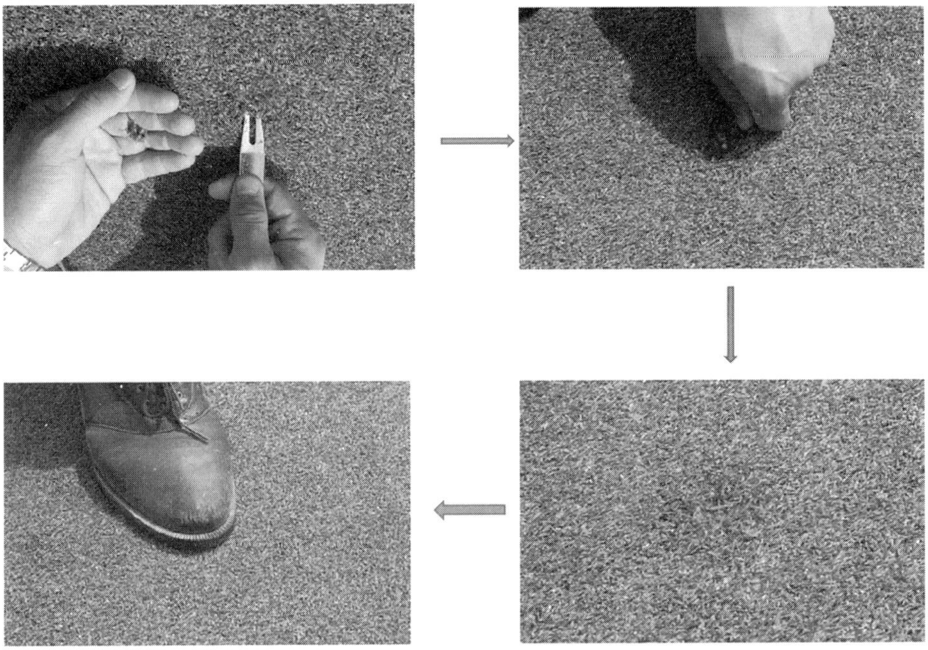

修理球痕

七、果岭上标记球的位置

果岭上的球，可以在标定球位后拿起擦拭。在标定球位时，身体下蹲，将 Ball-marker（球标，类似硬币状的小物品）放置于紧靠球的位置。

标记球的位置

八、管理旗杆、果岭判读

规则规定，果岭上击球前，可以将旗杆置于洞杯内，也可以移除旗杆。球童应当根据球员的指示行动。

移除旗杆时，身体应靠近旗杆，单手握住旗杆并左右拧动，待旗杆拧动后，将其竖直向上拔起。应注意力度，防止用力过猛而碰到洞杯边缘，导致洞杯损坏。

取出旗杆

取出的旗杆，可以放置在果岭边，也可以手持（如果手持，不允许依靠旗杆，避免旗杆金属底部给果岭表面带来不必要的损伤）。

管理旗杆

九、球车驾驶

高尔夫球场的球车使用，必须依据球会的相关制度及规定。球车驾驶是球童的必备技能之一。

球车使用方法（以电瓶球车为例）：先将电插头拔掉，放置在指定位置；坐上座位，左手握着方向盘，右手将钥匙插入锁匙开关，拧到“ON”位置；再用右手把档位开关按在“F”（前进挡）或“R”（后退挡），用右脚将驻车踏板踩下，打开驻车锁定锁，然后再用右脚踏在“油门”踏板上，缓缓踩下，车便会开动。需减速或停车时，提起右脚，踩制动踏板，由轻到重，避免急刹车（整个过程中，只允许单脚来操作）。

【思考与练习】

1. 球童在提高自身仪容仪表方面，应注意哪些事项？
2. 试述球童应具备哪些基础技能。

第四章　球童服务流程

能成为一个高声誉的、一流的高尔夫球会，不是一件容易的事情，要通过球场每一位员工长期的辛勤劳动、通力合作，全面发挥自己的工作才能，展现良好的服务素质才能实现。特别是每日直接为客人长时间服务的球童们，其服务质量的好坏，将直接影响球会的管理水平和声誉。因此，每位球童必须在日常工作中认真学习球童应具备的专业知识，并能在工作中熟练地掌握球童工作规律和技巧。

第一节　出发前的准备

球童从迎宾台将客人的球包送至出发处球包架后，应马上到出发处报到，检查自己的身体情况，看是否能承担当天工作，否则将可能影响客人的情绪。

整理仪容仪表：穿统一的工服，上衣束于裤子里面，服装整齐干净、无异味；女生头发须拴起来，不可披头散发；男生头发后不过衣领、侧不过耳、前不过眉；女生宜画淡妆，可略施口红，但应清晰分明；不得佩戴个人饰品，不留长指甲、不染指甲，保持口腔清洁、无异味。

确认出场顺序：整理携带物品（沙袋、沙勺、安全帽、擦球毛巾、计分卡、Ball-marker、铅笔、果岭叉、水壶、雨衣、球包雨套），准备随时轮班出场，出发前将沙袋装满沙，把毛巾打湿。

第二节　出发时的流程

轮到自己出场时拿好携带物品，在出发台旁等候，等待叫号出场；当客人拿消费本到出发台登记时，球童应主动向客人问好（“三到”服务：人到、微笑到、礼貌用语到）。

出发处叫到自己编号或名字时，应立即回答“到”，并主动到出发处领取客人的出发单，查看客人的姓名以及下场洞数。

领出发单

确认客人及球包时应面带微笑，亲切大方地主动打招呼。规范语言如：“某某先生/女士，您好！我是您的球童，请问哪一个球包是您的？”如遇到较熟悉的客人，应热情地对客人说：“某某先生/女士，您好，今天很高兴再次为您服务。”

绑球包：拉球包时，背包到拉包车旁，将球包雨布放在拉包车底部，将球包帽拉开反扣，球包正面朝上，背面放在拉包车上面，用绳子将球包固定。

绑球包

第三节　发球台服务流程

（1）球童应比客人提前到达使用发球台，将球包车握把朝向发球台整齐摆放好，将客人需要打球的用品，如球、Tee、手套等为客人准备好并认清客人球的品牌和号码。

打球前的准备

（2）清点客人球杆数量，如果缺少球杆或球杆套应重点向客人说明。发球台服务点杆规范语言：“某某先生 / 女士，您好！您球包里一共有 X 支杆，请核对。”同时填写球包券上的球杆信息。当客人应答后要说“谢谢”。注意说话时要语气亲切、吐字清楚、语调适中。如果天气较冷，应该建议客人先行热身，避免运动损伤。

（3）向客人介绍球道（码数、标准杆、风向、第一落球点及安全距离），并询问使用几号球杆。

发球台介绍球道规范语言、动作：“某某先生 / 女士，您好！这里是 1 号洞、4 杆洞、蓝 Tee 距果岭 375 码，右边有侧面水障碍，您可以瞄着前方沙坑的右边击球。请问您用一号木开球吗？”当客人告知要使用的球杆后，一边将球杆递给客人并重复球杆类型，如：“这是您的一号木，谢谢！”

扫码可观看球道介绍视频

扫码可观看确认球杆视频

（4）递杆：垂直握把向上递杆，手平伸送出并说“这是您的一号木”。

（5）站位：应站在客人右（或左）后方 45 度角 3~5 码处为客人看球，如遇到盲点可根据情况调整，切记不可站在妨碍客人打球处，除传递杆或其他用具，尽量不要走上发球台。

介绍球洞信息

（6）客人打球时，球童切勿咳嗽、打哈欠、谈笑或发出任何声音，也不可来回走动，以免影响客人打球。不管发生任何错误，应主动向客人道歉。

（7）前组客人未到达安全区域时（一般 300 码以上），不得让客人开球，应向客人解释：“×× 先生 / 女士，对不起，请您稍等一下”，等前组客人离开后再让客人开球。有些时候已确认当前组客人离开安全距离而同意本组的客人开球时，本组客人的球却意外飞到前组客人的位置或前面，这时球童要记住遇到危险时要大喊“看球”，提醒前组客人注意，勇于承担责任，千万不要不知所措，如果出现伤及人、物的情况，应马上与巡场员及球童主管联系并寻求解决办法；如无意外，等本组打完这一杆，应主动及时向前组客人道歉认错。工作完成后应向主管说明事情经过。

（8）如球道周围有工作人员或有可能发生危险，应大喊“看球”，直到他们听到并离开为止。

（9）客人打出球后，应认真看清球的落点，看球时应注意精力集中，从球一打出去，眼睛始终盯着球不放松，直到球落地为止，球落点如有障碍物，应牢记参照物，再根据参照物寻找；若遇雾气，无法确认球的落点，应尽可能判明方向及距离并积极寻找初始球。

等待开球时的站位

（10）客人打出好球时球童应喊“Nice Shot”或“好球”，与客人分享快乐；若客人的球没打好，应亲切安慰客人或帮助其分析原因，提出一些好的建议。规范语言有：不要紧，您放松点打 / 您需再打一个暂定球吗 / 您如果换另外一支杆也许感觉好一点。

（11）客人打出球后接杆“× 先生 / 女士，我帮您收杆”。然后用湿毛巾将球杆擦干净，套上球杆套，放回球包的应放位置；每打一次，必须擦一次杆。

（12）补沙：将客人所打的球 Tee（球座）拾回并交给客人，将客人所打的打痕用沙补上，并用脚将沙踏实铺平。

开球时的站位

（13）按高尔夫球礼仪，不可走在球的前方，需等待同组最后一位客人击完球后再同时前进，走向自己球的落点。

球童出发时，还可能会出现如下情况，球童要灵活处理。

当球童接到消费卡后，因客人较多或其他种种原因而找不到客人和其球包时，可以向出发员询问，请出发员帮助认清，找到相应球包。当出场到发球台后发现球包拿错了，拿到出发台换取却发现自己的球包也被他人拿走，造成这种情况一般是因为球包外形相差不大，球包上没有挂客人姓名牌，这时可向出发台讲明情况，然后由出发台通知球道出发员或向巡场员询问，找到客人后对其表示歉意并阐明原因，请客人谅解，并采取措施，尽快将球包找回。另外，在客人打球前还要特别留意客人将哪些物品交给球童保管，球童应该将其放在不易丢失的地方，如球包内或车筐内，不要放在自己的沙袋内或口袋中，以免跑动时丢失。

第四节 球道服务流程

（1）紧随客人 3~5 码，在客人之前到达球位，确认球后，让离果岭较远的球的客人先打。

（2）当同组客人打球时应止足观看，盯住球飞行的方向，不得走在打球者的前方，当有同组客人走在击球者前方时应立即提醒客人看球。

球道上击球时的站位

（3）注意安全。前组客人尚未离开时，任何人不得打球。特别是在有盲区球洞时更应确认清楚（在 3 杆洞时，应等前组客人“Call on”或离开果岭后方可开球）。

（4）当轮到自己服务的客人击球时，服务规范语言有“×× 先生 / 女士，我们的球距果岭有 ×× 码，×× 风，旗杆在果岭的 ×× 位置。”还应向客人描述果岭的特点及果岭周围隐藏障碍的位置，然后询问客人用几号球杆，当客人告知想用的球杆后迅速将球杆递给客人，并选好站位为客人看球。五杆洞应告诉客人第二杆所打方向及安全距离。

（5）当客人击球上果岭或打出好球时，球童应欢呼“Nice on”或“好球”（发自内心的喝彩会使客人备受鼓舞，从而提高打球兴趣；当客人的球打进罚杆区、出界或沙坑时，应安慰客人并适当提出意见及建议）。

（6）客人打完一杆后应及时接过球杆，擦拭干净后放回球包，客人打起的草皮应拾起放回打痕处并补上沙。

球道上介绍相关击球攻略信息

扫码可观看球道服务视频

扫码可观看修补打痕视频

（7）当客人的球打入罚杆区时，球童需在球最后进入罚杆区的附近选好参照物，并快步走在客人前面找球，找球时应带上 7 号铁和 P 杆（这两支杆是救球常用的球杆）或根据客人的习惯带上相应的球杆进入罚杆区找球。若球在水中可以被捞起的位置时，应用工具将球捞起。

（8）在球有可能在罚杆区以外遗失或出界的情况下，应提醒客人打暂定球。

（9）当球打进沙坑时，应告知客人沙坑状况，适当提供合理的打法建议。客人将球打出沙坑后，球童应尽快用沙耙将沙坑耙平。

耙沙坑的方法：从打痕最近点进入沙坑，先平远处脚印，再平中间部分，然后从后部退出，最后将沙耙横放在沙坑边缘。

扫码可观看沙坑服务视频

快速耙平沙坑

（10）当球打进杂草区或长草区需找球时，找球时间不得超过3分钟，球童应积极主动帮助客人找球。若明显不能及时找到且后组客人已经在等待时，球童应提醒客人：“先生/女士，我们让后组客人先打好吗？”经客人同意，向后组挥手示意，让后组先行通过，并请客人站在安全区域躲避。

（11）其他注意事项。

①球童应做好球道上的卫生整理工作。看到球场上有烟蒂、纸屑等物时要捡起并放入垃圾桶。客人吸完烟后要提醒客人：“先生，请把烟蒂交给我吧。”然后将其放入沙袋里待打完球后处理。

②球童在服务过程中应注重相互间的协作、配合，不可在球道上闲谈和做与工作无关的事情。

③看球：在服务过程中，球的每一个落点都要看清楚，这是客人衡量球童服务质量的准则之一，看球的方法是：看球飞出—球飞行的方向—球的落点—滚动的距离—球的停点—选择参照物。当然有时会有特殊情况，如阳光、有雾或落进树林时不可能每一个球都完全可以看到，但要尽量看清球出去的方向，判断球飞行的距离然后再大面积寻找。

④判断距离：距离是客人打球的第一辅助资料，包括到果岭距离、到障碍距离、过障碍的距离。在服务中应对距离有提前判断能力，应在到球位之前就已判断出，以便很快将球到目标的距离提供给客人，做到超前服务。

⑤对球杆的保护：客人的球杆一般都较昂贵，也是自己所爱的，尤其是爱好高尔夫的客人，对球杆更是倍加爱护，作为球童应特别注意保护好球杆，不管什么档次的、什么品牌的、新的或旧的，在拿球杆时应注意不要将球杆握把放在地上，不要把球杆掉在水泥地上，防止碰坏杆头。另外手上拿球杆时，注意不要将杆头相互碰撞，否则会碰掉颜色从而影响美观，所以当客人每打完一杆，球童都要将球杆擦拭干净，套上杆套。下雨天时打完球后应用干毛巾将球杆擦拭干净，以免杆头、杆身生锈。

第五节　果岭服务流程

（1）当客人击球上果岭后应及时将推杆递给客人，并迅速将拉包车推到距下一发球台较近的通道上。

球上果岭后，为球做好标记后拿起，擦拭干净，让离球洞较远的球的客人先击球。同时，球童应当寻找并修复由客人击球所造成的果岭球痕。

标记球的位置

标记球位时的动作：应站在球与球洞连线或延长线的后方，面对旗杆，右手拿着球标伸直，身体直立蹲下，左膝成 90°，轻轻将球标放在果岭上，左手置于身后或持擦球的布。将球标尽量靠近球放下，用右手拇指将球标按下后拿起球。擦完球后把球放回原处，放球时，右手拇指、食指、中指夹着球，身体直立蹲下，左膝成 90°；将球的品牌、号码朝上，对着打球线放置，将球标取回。

放置球回原位

旗杆示意动作：球童做旗杆示意时应将旗布收拢，与旗杆一起握住，然后伸直手臂，一手置于身后，直立并面向客人。注意自己的影子尽量不要投射在打球线上，以免影响客人推球。

旗杆示意动作

（2）服务规范语言：“先生 / 女士，您的球到球洞还有 ×× 码，球线是上（或下）坡，顺（或逆）草。”根据服务经验准确判断客人打球线并告知客人以供参考。

将球放置回原位时的“摆线”

（3）球童在果岭上要保持安静，尽量少讲话、少走动，以免影响他人击球，不可在果岭上蹦、跳、拖着脚走路等，以免损坏果岭表面。

（4）果岭上不要放置雨伞、球包等物品；当客人推球时，球童不可站在打球线的后方或其延长线上。

（5）当客人推出球后，旗杆示意的球童应迅速将旗杆垂直拔起。拿起旗杆时不得将球洞边缘损坏，应用手握紧旗杆，轻轻左右旋扭，使旗杆与洞口松脱，再将旗杆直立往上拿出，将旗杆的金属底座放置在自己的鞋面上。

（6）当客人推球入洞时球童应该欢呼“Nice in”或“好球”，迅速将球从洞中拿起并擦拭干净。若球停止而未进洞，球童要继续给球作上标记。下一位打球客人的球童应迅速将球放置回原位，请客人打球。依次类推，直到最后一球进洞为止，推球结束后球童应将旗杆插回洞杯内。如果有后组，球童应将旗杆插回，并向后组等待的球员致歉，致歉方法是：一手扶持旗杆，面向后组客人立正站直，向等待客人鞠躬、挥手致意。最后，迅速离开果岭，不得在果岭边逗留、记分。

“Call on”操作流程：在 3 杆洞时，同组客人全部将球打上果岭，做好标记后，应向后组挥手示意“请开球”，此时带领或提醒本组客人前往安全区域躲避。同时，要注视后组来球，等后组客人开完球后再继续推球。

扫码可观看果岭服务视频 1　扫码可观看果岭服务视频 2　扫码可观看果岭球痕修复视频

第六节　球车服务注意事项

球车服务过程中，最需要强调的是球童互动、节奏、准确性和安全意识，并且要懂得用“心”服务。

一、球童互动

球车服务当中，配合要放在第一位，有了好的配合，服务起来就轻松多了，球车服务尤其体现了这一点。一般一辆球车上由两名球童服务两位客人，在这种情况下，就相当于一对二的球童服务了，也就是有的时候一名球童要同时照顾两个客人。

例 1：球童甲、乙出场服务客人，在球道中，甲客人的球偏至隔壁球道，乙客人的球位却非常好，当乙客人打完球后，乙球童就可以将车开至果岭附近，在开车的过程中，乙球童要随时观察甲球童服务的客人将球打至什么位置，并考虑甲客人需不需要换球杆；甲客人需要换球杆时，甲球童可以给乙球童做个手势，请乙球童帮忙把球杆送来。果岭上的乙球童就可将两位客人的推杆同时拿上果岭。

例 2：发球台上，甲服务的客人首先开球，之后甲球童就可以在全组客人开完球后将球杆全部收回，并清理干净，乙球童此时则要处理发球台上的善后工作，例如：补沙、清理垃圾。

例 3：球童甲、乙出场，两名客人的球位置基本相同，在两名客人打完球之后，离球车比较近的甲便可以将两名客人的球杆收回并招呼客人上车，而此时的乙球童便可以处理善后工作，例如：铺沙、平整沙坑等，之后迅速跑到下一落球点。而甲球童与两位客人提前来到下一落球点后，便可以根据球位置的情况为两名客人挑选球杆。

二、节奏

球车服务主要体现的便是快捷，所以，球童除了在果岭上的时间，基本上都是在跑着服务。

球道中，如为客人挑选球杆有误，球童应迅速跑到球车上为客人取杆，同时向客人道歉。

一般情况下，球童在补沙或处理球道中的一些善后工作时客人是不会开车先走的，球童应迅速将工作做完，之后马上跑到球车上等待客人开车。

三、准确性

准确性主要是指为客人选杆、报码数、目测等方面要准确。发球杆的选择对于球童来说都能很好地判断，球道中球杆的选择则需要更加慎重。首先，球童要十分熟悉球道中的情况，当球打出后，球童在车上就要计算出球停点到果岭或障碍区的距离（上下的误差不能超过 5 码）。接下来要根据球位置的实际情况为客人挑选球杆，每次至少拿上 3 支球杆供客人选择，而这 3 支球杆中至少要有一支是客人要用的球杆。

好的球童不仅能为自己的客人拿杆，还可以帮同组的客人挑选球杆。经验丰富的球童可以在客人打完几个洞之后了解自己的客人打球的战略战术，在客人发完球后，可以一次性地将客人打完整条球道的球杆全部带好（有的客人喜欢步行打球，此时球童也只能服务在其左右）。

在比赛时，球童如确实没有把握为客人选杆，则要在客人停车的同时，准确地为客人介绍球位置的所在情况，请客人挑选球杆。而在果岭附近不要只拿 P 杆和推杆，还要拿上 S 杆，以备客人的球不小心进入沙坑之需。

四、球车上的安全问题

在球车服务当中，我们不仅要注意与前组之间的安全问题，还要注意自身的安全，在强调打球节奏的同时，也要注意球车上的安全。

如果来场的客人习惯开快车，那么其在开球车时车速也会非常快，往往会忽略站在车后面的球童，这时就要靠球童自己来保护自己了。

例 1：在球童处理好善后工作时，有时客人只注意球童向车的方向走来，并没有注意其是否已经安全地站好，这时，就要提醒客人“请稍等”，同时马上上车，而同车的球童应伸出手来挽紧刚刚上车的球童，之后给客人一个信号“OK！我们可以开车了”。

例 2：球车在停车的时候是没有什么特殊的信号的，有时经常会出现前面的球车已经停车，而后面的球车因行驶的速度太快，而来不及刹车，导致两辆车撞在一起的交通事故。在这种情况下，球童会在慌乱之中从车上跳下来，而被撞到小腿。为了避免类似事件的发生，首先，要提醒客人不要将车开得太快，另外球童在下车时，要养成从球车踏板两侧下车的习惯，这样，即使出现撞车的情况，球童也不会受到伤害。

例3：在阴雨天气，路面很滑，开车更是要格外小心，应提醒客人“先生，路面比较滑，我们稍微开慢一点，谢谢！”在转弯处和比较陡的斜坡处，球童应抓紧扶手，以免从车上甩出去。如遇到危险的情况，千万不要慌张，跳车时记得跳向草地的方向。

例4：有一部分客人不会开车（女士、儿童较多），此时球童就不仅是服务生，还要兼职做司机，千万不要让没有驾车经验的客人或儿童开车，以免发生不愉快的事情。

第七节　打球结束时的服务流程

客人打完球后，首先将记分卡交给客人，且报知杆数，然后一定要在离开果岭后清点球杆，球杆必须擦拭干净，下雨天则要用布擦干，套回杆头套。还要交回并请客人确认所代管的物品，如手机、香烟、打火机、钱包、衣物等，同时要问客人是要存包或带走。

结束语：“先生 / 女士，您今天 18 洞共打了 ×× 杆，这是您的记分卡，您球包里有 ×× 支球杆，请您清点一下，请问您是存包还是要带走，服务不周请您原谅，欢迎下次光临。”

如果客人是存包，就将客人的球包清理好后放在存包室入存；如果客人说要带走，就将客人的球包递送至其车上。清理好所用球车上的水壶，将水壶刷洗干净，将自己的雨衣雨布和其他出场用品整理好。

当客人对球童的服务表示满意而给小费时，不论多少都应双手接过并表示感谢。绝对不可因小费少而拒绝或露出反感、讽刺的表情，更不能不向客人致谢，反而以不好的眼神或神态面对客人，要始终记住，客人只要给小费就是对服务质量的认可，是对球童的辛勤劳动表示感谢。小费给多少、给不给小费是客人决定的事，是客人自己的事。球童不可间接或直接向客人索取小费，违者应予以开除。

以上所述均为球童工作的一部分，身体力行当更能体会。球童在日常生活中除了必须培训必要的技术，最重要的是与打球者同一心情，同享击球之乐，而非终日背着球袋随打球者绕行而已，这特别是见习球童所应留意的事。

扫码可观看清点球杆及其他物品视频

扫码可观看回场视频

扫码可观看服务结束运送球包视频

【思考与练习】

1. 球童在出发前，应做哪些准备工作？
2. 练习发球台、球道、果岭服务流程的术语表达。
3. 打球结束时，球童有哪些工作？

第五章　球童专业术语

作为一名出色的球童，必须熟记高尔夫球运动中的相关术语以及必要的英文用语。

第一节　常用词汇

球场 Course

更衣室 Locker room

高尔夫球帽（鞋）Golf hat (shoes)

业余球员 Amateur

会员 Member

经理 Manager

球童主管 Caddie master

会馆 Club house

球童 Caddie

商店 Shop

球杆 Club

出发员 Starter

练习场 Driving range

巡场员 Marshal

餐厅 Restaurant

凉亭 Halfway house

沙坑 Bunker

后九 In course

前九 Out course

球道 Fairway

湖泊 Lake

遗失球 Lost ball

球座、发球台 Tee、Tee box、Tee ground

长草区 Rough

界外 O.B（Out of bound）

果岭 Green

练习果岭 Practice green/putting green

草 Grass

桥 Bridge

罚杆区 Penalty Area

临时积水 Casual water

球车道 Cart path

树 Tree

木杆 Woods

铁杆 Irons

伞 Umbrella

球 Ball

手套 Glove

球标 Ball-marker

发球区标志 Tee marker

消费卡 Expense card

球杆套 Head cover

球包套 Bag cover

毛巾 Towel

握把 Grip

鞋钉 Spike

安全 Safe

放松 Relax

练习 Practice

手拉车 Pull cart、Trolley

沙袋 Sand bag

打痕 Divot

顺风 Follow wind

逆风 Against wind

暂定球 Provisional ball

差点 Handicap

错球 Wrong ball

不能打 Unplayable

比杆赛 Stroke play

好运气 Good luck

休息一下 Take a break /Have a rest

右狗腿 Dog leg right

左狗腿 Dog leg left

长洞 Long hole

中洞 Middle hole

短洞 Short hole

开球 Tee off

好球 Nice shot

好球 Good ball/shot

球上果岭 On

左曲球 Hook

小左曲球 Draw

右偏球 Slice

球上果岭 Nice on

看球 Fore

记分卡 Score card

标准杆 Par

超出标准杆 Over par

低于标准杆 Under par

低于标准杆一杆 Birdie

高于标准杆一杆 Bogey

低于标准杆两杆 Eagle

低于标准杆三杆（双鹰）Albatross

高于标准杆两杆 Double bogey

高于标准杆三杆 Triple bogey

一杆进洞 Hole in one

果岭右边高（由右至左）From right to left

果岭左边高（由左至右）From left to right

上坡 Up-hill

下坡 Down-hill

罚杆 Penalty

罚一杆 One penalty stroke

抛球 Drop ball

第二节　常用语句

先生您好，今天我是您的球童，我叫 ***。

Hello, sir, I am your caddie today, my name is***.

很乐意为您服务。

I am glad to serve for you.

您球包内一共有 ** 支球杆。

There are **clubs in your golf bag.

请您到 A 场 /B 场发球吧。

Please go to A course/B course to start, ok?

先生，这是一号洞，蓝 T*** 码，到左边沙坑 *** 码。

Sir, it is the first hole, blue tee ***yards, from here to the bunker***yards.

好球，您的球在球道上，非常漂亮。

Nice shot! Your ball is on the fairway, very nice!

您的球非常安全！

Your ball is safe !

请慢走，再见！

See you later! Good bye!

距果岭还有一百码，请问您用几号杆？

From your ball to the Green is one hundred yards.Which club do you need?

先生 / 小姐，前九洞我们打完了，您是否休息一下？

Sir/Madam, the out course have finished. Do you need a rest?

谢谢您光临，欢迎您下次再来！

Thank you for your coming! Welcome to our club again!

球上果岭了，非常漂亮！您争取一杆推进去！

Nice on! Try to push it in one!

请问您今天打球吗？请您先去前台开张消费卡。

Could you get a piece of expense card at the front desk if you play golf now?

您的球包要带走吗？明天如果继续打，球包可以存放在球会。

Will you take your bag away? You can leave it at our bag storage if you continue playing tomorrow.

您明天还来打球吗？大约什么时候？

Would you like to play golf tomorrow and at what time?

您要租鞋吗？多大码？

Would you like a pair of rental shoes and what size you wear?

请问您喜欢用哪一种牌子的球杆呢？

Excuse me! What kinds of brand of clubs you want?

请问您需要什么饮料？比如矿泉水、可乐、红牛，等等。

What drinkings would you like? We have mineral water, coke or red bull, and so on.

请问您需要几条毛巾、几块三明治、几瓶水？

How many pieces of towel and sandwich, and bottles of water would you like?

请问您需要点什么？毛衣、裤子、帽子、袜子、手提袋？

Anything you want? We have trousers, sweaters, hats, socks, handbags and so on.

先生，为了您的安全，我们找一个人帮您开车。

To be on the safe side, we offer a man to help you to drive the car.

今天有可能会下雨 / 下雪，您需要租伞吗？

It is possible to rain / snow, do you need an umbrella?

请问您是打完 9 个洞用餐，还是打完 18 洞用餐呢？

Would you like to have a snack after finishing 9 holes or 18 holes?

这里的果岭难度很大，起伏特别大，很容易导致三推。

The difficulty of the undulating green is heavy, which extremely easy to cause the three putting.

球车坏了，需要更换一部。

The cart is out of order, would be instead another one!

这里到果岭的距离大约是 200 码。

The distance from here to green is about 200 yards.

没问题，请把球包卡给我。

Certainly, please give me your bag tag.

从这里到水池有多远？

How far is it to the water?

请注意水左边的沙坑。

Please pay attention to the bunker on the left of the water.

我会把您的球包放在门口。

I will put your bag at the entrance of the club house.

不好意思，请您快一点，后面很多客人。

Excuse me, can you speed of your shot? There are lots of customers back.

今天很多客人打球，您可以去 12 号洞开球吗？

A lot of customers are playing in the course, could you start at No.12 Hole?

练习场在那边，请跟我来。

Driving range is over there, please come with me.

请问您的球包是什么颜色，什么牌子的?

May I know the color and the brand of you bag?

请问您的球包号码是多少?

May I know what number of your bag is?

您可以开车去找您的朋友。

You can take a golf cart to your frieuds.

闪电和打雷时打球是很危险的，您可以先去避雨亭躲一下!

It is very dangerous to play golf under thunder and lightning, you would be better not play until it stops in the half way house!

现在天气好了，您可以下场了!

The weather turns good and you can start to play now.

红桩是侧面水障碍，如果下水，会罚一杆!

Red stakes identifies lateral hazard, if your ball is in the water, you would be added a penalty stroke!

请问您有什么问题吗?

Any question?

不靠近球洞一杆范围内抛球，不罚杆!

Drop the ball within one club length, and not nearer, there is no penalty!

扩展训练

Dialogues

1. At the teeing ground

(C=caddies, G=guest)

Text 1

C: Good morning, sir.

G: Good morning.

C: I'm very happy to be your caddie today. My name is ** , and you can call me **. My number is **.

G: Ok, **.

C: Please allow me to check your clubs. You have 14 clubs :4 woods,7 irons, 1 sand wedge, 1 pitching wedge and 1 puttier, right?

G: Right.

C: Please sign here, thank you.

(The guest signs the club confirmation card.)

C: Wound you please wait a moment? You'd better tee off after the group in front is out of range.

G: OK.

C: This is a par three,140 yards. You'd better strike straight with a 9-iron. There is the flagstick in the center of the green and a pool in the middle. If you want to pass the pool you have to strike at least 80 yards.

G: Ok, give me 9-iron,a short tee and a new ball.

C: All right. A nice choice, sir.

(The guest hits the ball and the ball stops on the green.)

C: Nice shot.

G: Thank you.

Text 2

C: Wound you like to play from the blue or the white teeing ground?

G: The blue tee. How many yards to the bunker?

C: 200 yards. Will you use the driver?

G: No. Hand me the utility(铁木杆).

2. On the fairway

(C=caddies, G=guest)

Text 1

C: It's really a nice shot, far and straight and the ball stopped in the middle of the fairway.

G: How far was it?

C: About 210 yard.

G: I see, but it does't seem far enough.

C: Oh, it's far enough. If the ball had flied farther,it would have rolled into the rough, because the hole No.3 is a dogleg; and I believe that you can accurately hit 140-yard with your 9-iron.

G: Sounds good.

C: Sir, if you like, you can walk directly to the ball. I will take your clubs and get cart there, because it's far to the cart.

G: Ok, but I want a sandwich and a cup of tea. Could you order for me?

C: Yes, sir.

(A marshal comes and whispers with the caddie.)

C: I'm sorry, sir. We need to catch up a little to keep up with the front group. We are a bit slow.

G: Ok, how many yards is it to the bunker?

C: It's about 100 yards, against the wind, sir.

G: Bring me a 9-iron.

C: The green is 130 yards far, but the flagstick lies in the back of the green, so I suggest you hitting the ball 140 yards.

G: Got it.

Text 2

C: Good shot! Right on the middle of the fairway.

G: Thanks. I hit it far and sure.

C: Try to keep the ball in the fairway.

G: I'll try.

3. On the putting green

(C=caddies,G=guest)

Text 1

C: Nice on!

G: Thank you.

C: It's a fast green, so be careful with the downhill putt, please.

G: Ok.

(The guest putts a little harder, the ball rolls 2 yards beyond the hole.)

G: The birdie flies.

C: It doesn't matter. There are three holes left. Our score is still in lead. You will surely putt better on the next hole.

G: All right. Please check the putting line carefully, I must par the hole.

C: Yes, sir. It's a big uphill, and your right side is higher than your left one. You should putt a little harder than the last putt.

G: Ok.

C: Sir, could you please check the line I have settled?

G: All right, it's good.

(The ball rolls into the hole.)

C: Nice putt.

G: Thank you.

Text 2

G: Is this putt uphill or downhill?

C: It's downhill.

G: which way will it break?

C: I think it'll break to the left.

【思考与练习】

反复练习并熟记球童常用英文术语。

第六章　球童服务心理与技巧

保持对工作的积极和热爱程度是球童自我发展的基本条件。球童必须对自己的工作充满热情，每天积极向上，对工作充满热爱，才能把工作做好。只有满足这样的基本条件，球童才有机会谈发展，才能发展。球童要时刻保持良好的工作态度，就必须有良好的心理和身体素质，以应对每天重复的艰苦的工作，以及各种各样的服务问题。

球童应该把球场当作自己的家，球童是球场的主人，也应让客人到球场有回家的感觉。球童的工作就是给客人以适当的服务。客人在球场中接触时间最长的是球童，球童的基本任务是帮助客人舒畅地打好一场球，从而给客人以好感。所以说，球童必须每天都保持良好的工作态度，对工作充满热情。

第一节　球童服务心理

作为一个球童，需要了解球员的需要、球员对球童的希望以及所需要的技巧。

一、球员是顾客

当许多球员雇用一个球童时，他们都希望从球童那里得到各种不同的服务。球童应向球员提供优良的服务，更重要的是这不仅代表球童个人的名誉，同时更代表一个俱乐部的声望。应把自己放在球员的位置上：假设经过了六个月的努力工作，积蓄了时间，三个月的计划，几个星期的组织，几个小时的行李准备，最后经过几个小时的飞行（甚至更长时间的旅途）到达了球场，此刻球员是多么希望得到礼貌、殷勤而又友好的服务！

二、第一印象

判断一个球童的好与差，其中很重要的一点是，当他出现在客人面前时，衣着整洁干净、勇于助人的第一印象是非常重要的，这比服务中途才变得非常努力、非常友好更重要。球童的服务态度会影响球员对其的印象。球员经过了球场上愉快的时光，无论成绩好坏，都会把对球童的第一印象带走。

三、认识自己

球童的工作是在球场上向球员提供服务。因此球员和球童之间的良好关系是至关重要的。球员对自己的运动是极为关注、认真的，球童需要运用个人的技巧来帮助他们放松。

四、交流

球童在服务球员的过程中，双方交流机会并不是很多，但球童需要把握每一次交流的机会，交流的基础是倾听，认真倾听是一个球童的必备素养，做好真正的倾听和交流可以从下面几个方面入手：

（1）用眼睛的注视来表示正在倾听。

（2）认真地听，如有不懂，及时问问题（不要假装已经了解、知道球员的运动）。

（3）与球员分享知识（只有球童自己知道哪里有障碍区是不够的）。

（4）用球员的名字，同时也用“我们”这个词（把自己当作队伍中的一员）。

（5）不要打断对方讲话。

（6）能准确地描述所需要表达的内容（比如对球道的介绍，不要让球员产生歧义）。

第二节 球童服务技巧

一、用“心”服务

做任何事情都要动脑筋，灵活运用所学的东西，服务中要用“心”去观察，用“心”去服务。一般来场的客人以会员为主，基本上对于每一位会员，球童都要至少服务一次，所以，我们要将每次所服务客人的习惯牢记于心。例如，张先生在果岭边上习惯用S杆，李先生发球时喜欢用3号木等，在下一次服务这两位先生的时候，不用客人说就可以很快地帮他们选杆，这会让客人感觉到每一次都是在用心地为他服务。

在服务当中，球童最好在客人打完两三个洞之后，便了解客人的用杆习惯，当客人的球打出去后，我们首先要看清楚球的停点，在车行驶的过程中要注意观察球停点所在位置的具体情况，例如：球距离下一落球点或果岭还有多少码，是顺风还是逆风，旗洞的位置，等等；再根据客人打球的水平为客人挑选球杆，给初学打球的客人或第一次来场的客人提供更准确、更详细的建议。

二、时刻关心客人

在天气炎热的夏天，如果球童能及时将饮料送到客人手里，则能让客人感觉到球童服务的细心。球童也可以给初学打球的客人一些关于球技和高尔夫礼仪方面的建议，但一定要适可而止，不要让客人有“喧宾夺主”的感觉。

要用心去观察自己的客人，例如，有些客人来场是为了锻炼身体，习惯步行打球，往往忘记开车，这时球童就要认真观察，在服务中如客人没有开车的意向，球童就应及时将球车开至落球点，另外留下一名球童陪在客人身旁，以便随时为客人提供服务。在有些洞的果岭附近，球童可根据情况将球车开至下一洞发球台；或提前将球车开至离下一洞比较近的地方等候客人上车。驾驶球车时速度要慢，不要急踩油门。

三、基本服务技巧

想成为一名优秀的球童，除了按照球童服务流程工作，掌握一定的服务技巧也是很重要的，以下是球童在服务过程中应该努力做到的：

（1）养成良好的作息习惯，保证充足的睡眠，才会保持有朝气的精神面貌，行动起来才会精神爽利，具有专业风范和神采。

（2）永远保持微笑的姿态和客人讲话。

（3）与客人讲话时要简明扼要，清晰利落，不含含糊糊、支支吾吾。

（4）常说客套话，常讲“请、谢谢、对不起”。

（5）常说赞美话，衷心而适度地夸奖客人的球技、球具等，但不可过度，以免造成让客人生厌的后果。

（6）与客人初次见面时，应打招呼，前行敬礼，并大方地介绍自己的姓氏，尽快记住客人的姓氏及球具品牌。

（7）发球台上要讲“X 先生，请发球”，递上球杆，要讲“请”；去接杆时，要讲“请把杆给我，谢谢”。

（8）只需跟随客人两个球道，就应对客人的技术有一定的了解，而且知道客人使用不同木杆和铁杆的大约发球距离。

（9）热情帮助客人分析球洞的地理位置及形势，为客人提出合理的击球建议。

（10）在球场上以鼓励性语气对待客人，客人打了好球应喊“好球”，令客人享受发了好球的乐趣。

（11）球道上永远不要落在客人后面，常快步行进会给客人一个良好的印象。

（12）对于任何客人的每一次击球，球童都能做到绝对的静立，不会发出杂音干扰客人的挥杆或推杆。

（13）要主动并委婉地引导客人的打球速度。

（14）对有不良行为举止的客人要大胆而果断地予以制止，行使做球童的权利。

（15）果岭上做标记、擦球、持旗杆的动作要迅速、流畅、准确。

（16）果岭上要仔细、大胆地指导客人并提供果岭之斜度、草纹等信息。

（17）插回旗杆要快，但注意不要毁坏洞杯，向后组挥手动作要正确，并快步离开果岭。

四、其他注意事项

（1）球童要了解客人常用的球杆，并及时提供，如在长洞发球台，大多客人用 1 号木杆，球上果岭后使用推杆，果岭边沙坑用 S 杆，以及客人在一些情况经常使用的球杆等。

（2）除 1 号木杆或常用球杆，其他球杆要带上杆套，以免磕碰，摘下的杆套要妥善放置，以免丢失。

（3）客人打完的球杆要及时收回并擦净。

（4）随时清点球杆，不要遗失客人的球杆或其他物品。

（5）在球场上，球童要与客人适当交谈，其服务态度对客人有很大的影响，所以对打球不好的客人要给予更多的鼓励，对好球要及时称赞；球童之间切勿笑谈或私语，切忌评论打球者技术之好坏，尤其对技术笨拙的打球者或本日运气欠佳者，不得任意评价。

（6）前组打球速度慢，本组要超越时，球童应先通知前方客人或球童，经前组客人同意后方可超越。

（7）后组超越本组时，球童接到超越通知后，应先征询本组客人意见，并将本组客人意见告知后组。

（8）对客人违反球场内规定，且不听劝阻的，要及时告知巡场员或出发室。

（9）将球场上的杂物收回，以保持场内清洁。

（10）球童应听从巡场员的指挥。

（11）球童间要注意配合的默契。

五、“照照镜子”

1. 最佳球童标准

（1）礼仪礼节周到、仪容仪表大方。

（2）专业用语（包括日语、英语）运用熟练。

（3）对球场设施、环境、背景等资料了解全面。

（4）对球道造型、走向、障碍、果岭的快慢等知识解读熟练。

（5）能帮客人选杆，建议好的落球点、击球方向，提供好的建议帮助客人打好球。

（6）灵活运用球童服务技能技巧。

（7）熟练掌握整个球童服务程序，紧跟球局节奏。

（8）和其他球童配合默契。

（9）主动捡垃圾、补沙、修果岭印，爱护球场。

（10）听从上级的安排，遵守球童部的一切规章制度。

2. 最差球童标准

（1）球的飞行方向看不清楚、找球技术差的球童。

（2）行动缓慢的球童。

（3）经常拿错杆的球童。

（4）工作随随便便、粗心大意、不讲道理、经常被客人教育的球童。

（5）总是跟熟悉的客人随随便便，工作不认真的球童。

（6）表露出看不起打球差的客人的球童。

（7）对球场及球洞区的状况、特点一概不知的球童。

（8）在客人面前吃东西的球童。

（9）板着脸不说话、服务不周、态度不好的球童。

（10）不帮助客人擦球的球童，不爱护球杆的球童。

（11）不补沙、不平沙坑、不修果岭的球童。

（12）出场前后不清点客人的球杆，使客人的球杆丢失的球童。

【思考与练习】

试述如何才能成为一名优秀的球童。

第七章　球童急救知识

高尔夫是亲近大自然的户外运动。人们在享受畅快淋漓的挥杆击球时，也难免会发生一些小意外，如被蚊虫、毒蛇咬伤，挥杆发力过猛而拉伤等情况时有发生。在缺少器械和药品的情况下，要预先掌握急救常识，为救援争取宝贵时间。因此，球童非常有必要学习一些急救知识。

第一节　扭伤处理

一、扭伤

扭伤的别名为拉伤、崴，是由于某些肌肉纤维、韧带断裂或损伤引起的疼痛。扭伤可以由外伤引起，或者源于肌肉的不适当使用或过度疲劳。

1. 成因

（1）过度的运动;（2）运动前没有进行合理的热身;（3）身体适应性太差。

2. 症状

若肌肉扭伤却继续运动会产生疼痛感并无法运动到位，皮肤会产生淤血甚至肿胀。

3. 禁止

不可忽略持续的疼痛，应让疼痛的肌肉得到休息。请勿在 48 小时内使用膏药贴敷，因为那样有可能加重症状。

4. 伤势判断和处理

首先要区分伤势轻重。一般来讲，如果自己活动扭伤部位时虽然疼痛，但并不剧烈，则大多是软组织损伤，可以自己医治。如果时有剧痛，不能站立和挪步，疼在骨头上，扭伤时有声响，伤后迅速肿胀等，则是骨折的表现，应马上到医院诊治。踝关节扭伤后 48 小时内，病患可先用弹性绷带或充气式固定器加以压迫，防止进一步肿胀，同时将下肢抬高，增加静脉血回流以防肿胀。此时更是冰敷的最佳时机，将冰块包上毛巾或者在夏季用冰凉的山泉水沾湿毛巾就是最简单的冰敷用具。冰敷的目的在于防止内出血持续。需根据具体情况掌握冰敷频率。要正确使用热敷和冷敷，二者都是物理疗法，作用却截然不同。血遇热而活，遇寒则凝，所以在受伤早期宜冷敷，以减少局部血肿；在出血停止以后再热敷，可加速消散伤处周围的瘀血。一般而言，受伤 24~48 小时后使用热敷。

也可以在关节周围包一层厚棉花，外用绷带包扎，这样可以减轻肿胀。如果是踝关节扭伤而无医务人员在场处理，可以不脱鞋袜，在鞋上直接扎 8 字形绷带。

5. 急救措施

（1）当天，每 3~4 小时进行 15 分钟冷敷（可以缓解肿胀）。请注意不能直接用冰块接触皮肤。

（2）至少让受损肌肉休息一天。

（3）保持拉伤的肌肉处于抬高的位置可以缩短症状持续时间。

总的来说，当发生运动伤害时，最好要马上处理。处理的原则有五项，简称为 P.R.I.C.E.：保护（Protection）、休息（Rest）、冰敷（Icing）、压迫

（Compression）、抬高（Elevation）。

保护的目的是不要引发再次伤害，休息是为了减少疼痛、出血、肿胀并防止伤势恶化，压迫及抬高也都有上述的效果，冰敷还能够有止痛的功效。挫伤、淤青、轻度肌肉拉伤、韧带扭伤，经由上面几种方式的处理，以及适当的复健治疗，都能够在短时间内恢复健康。严重的肌肉拉伤（断裂）、韧带扭伤（断裂）、骨折，则必须由专科医师手术治疗。

6. 预防

（1）保持肌肉的力量和柔韧性。

（2）运动前进行适当的热身。

（3）避免过度运动。

7. 需送医的情况

（1）自己无法移动受伤的肌肉。

（2）发生外出血。

第二节 户外急救

一、常用药品

球场一般都会配备一些应急药品，作为球童，就应该了解如何能够快速得到所需的药品。

常用药品有速效伤风胶囊、复方阿司匹林、茶苯海明、复方甘草片、小檗碱片、干酵母、大黄苏打片、阿托品片、银翘解毒丸、桑菊感冒片、牛黄上清丸、十滴水、藿香正气水、人丹、清凉油、伤湿止痛膏、氯霉素眼药水、绷带、胶布、风油精。

二、徒手急救

1. 指压太阳穴止头痛

一般头痛，患者自己可用双手食指分别按压头部双侧太阳穴（太阳穴在眉梢与外眼角中间向后一寸凹陷处），压至胀痛并按顺时针方向旋转约 1 分钟，头痛便可减轻。

2. 按揉足三里穴止胃痛

用双手拇指揉患者双腿足三里穴。足三里穴在膝盖下三寸，胫骨外侧一横指处，待有酸麻胀感后 3~5 分钟，胃痛可明显减轻至消失。

3. 掐中指甲根缓解心绞痛

当心绞痛发作，一时无法找到硝酸甘油片时，旁人可用拇指甲掐患者中指甲根部，让其有明显痛感，亦可一压一放，坚持 3~5 分钟症状便可缓解。

4. 捏压虎口治晕厥

晕厥即面色苍白、恶心欲呕、出冷汗甚至不省人事。此时，他人可用拇指、食指捏压患者手之虎口（即合谷穴），捏压十余下时，一般可以苏醒。

三、人工呼吸

病人呼吸已停止而心脏还在跳动，或心跳刚停止不久，如电击、溺水、中毒等情况下的急救。

进行人工呼吸时，应将病人安放在阳光和煦而且空气流通的地点，解开衣服，清除口腔内的痰、泥土、血，有假牙者应取出。

1. 仰卧式人工呼吸法

病人仰卧，急救者面对病人，两腿分开，跨过病人双侧大腿，跪在地上，两臂伸直，双手掌贴放在病人的肋弓下，拇指向内，其余四指向外，借急救者自身体重将病人胸廓向下前方推压持续 2~3 秒钟，使胸廓缩小，排出肺内气体；然后急救者上身伸直，双手松开，使病人胸廓自行扩张而吸入空气。如此反复施行，每分钟 15 次为宜。

2. 俯卧式人工呼吸法

病人俯卧，头偏一则，急救者跪在地上，面对病人背面，手法及动作、次数等与仰卧式人工呼吸基本相同。在施行人工呼吸时，千万不要用力过猛，以免造成肋骨骨折。在做人工呼吸的同时，应与医院联系，请求专业人员前来处理。

四、包扎法

外伤急救时，常常要进行包扎，把伤口保护起来，以免感染，同时也有压迫作用，骨折时又可以固定受伤的地方，方便运动。

以下简单介绍两种包扎法。

1. 三角巾包扎法

大三角巾是用 1 米见方的棉布对角剪开而成。如再剪开一半就成一条小三角巾。三角巾适用范围广，使用简便。可用于包扎头、手、足，也可用以包扎胸部、背部和肘、膝及踝部，还可用于悬吊上肢。

2. 绷带包扎法

一般多用单头卷轴带，起头（开始）包扎。用绷带包扎时，先要重新缠绕几圈，然后将绷带渐渐向上卷，每一圈盖上前一圈的一半或一半以上，成螺旋带。包扎大小不等的四肢，可在卷上时把绷带反折一下，向下缠绕，再向上卷成螺旋反折带。绷带尾端用别针、胶布或扯开绷带固定。

第三节　被动物咬伤的急救

一、毒蛇咬伤

被毒蛇咬伤后一般在局部留有齿痕，伴有疼痛和肿胀，还可见出血及淋巴结肿大，其全身性症状因蛇毒性质而不同。急救原则是及早防止毒素扩散和吸收，尽可能地减少局部损害。蛇毒在 3~5 分钟即被吸收，故急救越早越好。

1. 绑扎伤肢

在咬伤肢体近心端约 5~10 厘米处用止血带或橡胶带等进行绑扎，以阻止静脉血和淋巴液回流，然后用手挤压伤口周围或口吸（口腔黏膜破溃者忌吸），将毒液排出体外。

2. 冲洗伤口

先用肥皂水和清水清洗周围皮肤，再用生理盐水、0.1% 高锰酸钾或净水反复冲洗伤口。

3. 局部降温

先将伤肢浸于 4℃~7℃的冷水中 3~4 小时，然后改用冰袋，可减少毒素吸收速度，降低毒素中酶的活力。

4. 排毒

咬伤在 24 小时以内者，以齿痕为中心切开伤口成“+”或“++”型使毒液流出，也可用吸奶器或拔火罐吸吮毒液。切口不宜过深，以免损伤血管。

5. 药物治疗

常用的解毒抗毒药有上海蛇药、南通蛇药等，还可用半枝莲 60 克、白花蛇伤药 60 克、七叶一枝花 9 克、紫花地丁 60 克水煎内服外敷。还可用激素、利尿剂及支持疗法，对毒蛇咬伤有辅助治疗作用。加强野外作业的防护，掌握毒蛇习性，尽量不要裸露腿足，必要时穿长筒靴，蛇伤即可避免。被毒蛇咬伤后切忌奔跑，宜就地包扎、吸吮、冲洗伤口后速到医院治疗。

二、蜂螫伤

一般只表现为局部红肿疼痛，多无全身症状，数小时后即自行消退。若被蜂群蜇伤，会出现如头晕、恶心、呕吐等症状，严重者会休克、昏迷甚至死亡，有时会发生血红蛋白尿，出现急性肾功能衰竭。过敏病人则易出现荨麻疹、水肿、哮喘或过敏性休克。

可用弱碱性溶液如 3% 氨水以中和酸性毒素，也可用红花油、风油精、花露水局部涂抹。黄蜂蜇伤可用弱酸性溶液（如醋）中和，用小针挑拨或纱布擦拭，取出蜂刺。局部症状较重者，也可以火罐拔毒和局部封闭疗法，并注射止痛剂。全身症状较重者宜速到医院诊疗。对于蜂群蜇伤或伤口已有化脓迹象者宜加用抗生素。

三、蜈蚣咬伤

部分表现为急性炎症和痛、痒，有的可见头痛、发热、眩晕、恶心、呕吐，甚至谵语和抽搐及昏迷等全身症状。

应立即用弱碱性溶液（如肥皂水、石灰水等）洗涤和冷敷，或用等量雄黄、枯矾研末以浓茶或烧酒调匀敷伤口，也可用鱼腥草、蒲公英捣烂外敷，有全身症状者宜速到医院治疗。

四、其他

在日常生活中，蝎和毒蜘蛛咬伤也是常见的。蝎螫伤局部可见大片红肿、剧痛，重者可出现寒战、发热、恶心、呕吐、舌和肌肉强直、流涎、头痛、昏睡、盗汗、呼吸增快及脉搏细弱等，儿童被蜇伤后严重者可因呼吸、循环衰竭而死亡。毒蜘蛛咬伤者局部苍白发红或出现荨麻疹，重者可发生局部组织坏死或全身症状。

处理原则与毒蛇咬伤相同。全身症状明显者宜寻求医生诊疗。

第四节　中风急救

一、中风的定义

中风（包括脑出血、脑梗死）是冬季的好发疾病，年龄45岁以上的中老年人，尤其是高血压、糖尿病患者，特别是在激动、紧张、失眠、过度劳累（有时甚至大便用力）的情况下，如突然发生剧烈头痛、呕吐、神志不清、呼吸鼾声大、口角歪斜、一侧上下肢瘫痪，就应该想到是突发脑出血（脑出血），也有些人症状较轻，仅表现为头痛、头晕、恶心，也应予以足够的重视。由于脑出血病人病情严重，死亡率高，千万不可惊慌失措，而要保持清醒头脑，立即进行相应处理。

二、急救方案

（1）当病人突然在路旁、厕所或人多的地方晕倒，且自述有头痛、恶心、呕吐等症状时，首先应小心将病人抬到卧室或宽敞的场所，让病人平卧，同时尽快与急救中心联系。

（2）保持病人呼吸道通畅。要及时解开衣领、裤带，必要时将上衣用剪刀剪开，以减少衣物对呼吸的阻力；有假牙者取下假牙；体位以侧卧位为宜，使口腔分泌物及呕吐物易于流出；如果病人心跳呼吸骤停，应立即进行人工呼吸和胸外按压。

（3）如果病人神志清醒，应让病人静卧，并安慰病人，防止病人过度悲伤和焦虑不安。同时稍稍抬高头部，做一些肢体按摩，以减轻颅内压力。

（4）尽量避免长途运送病人。急性期病人长时间运送，一方面耽误治疗，一方面运送途中的震动，有可能加重脑出血，因此应该尽量送到就近医院。运送途中，尽量减少病人身体及头部震动，头部要有专人保护，担架要垫得厚一点、软一点，心情再急，送护车也要一路慢行。如果从楼上抬下病人，它头部朝上脚朝下，这样可以减少脑部充血。对于昏迷较深、呼吸不规则的危重病人，应待急救中心人员到达、病情相对稳定后再送往医院。

【思考与练习】

1. 中暑的急救措施有哪些？
2. 如何处理肌肉拉伤？

【课外阅读】

高尔夫球运动前的热身活动

高尔夫挥杆动作需要身体的灵活性，所以必须进行事先的热身，以利于打球和避免对身体的伤害。

第一步：慢步或慢速高抬腿。进行2~3分钟的慢步，让身子伸展开来。这能够加速心率和肌肉的血液流动。

蹲伏伸展运动。双脚站位与肩同宽，双手握住一支球杆并往前伸出，连续做10次蹲伏运动，同时将球杆举过头顶。这将加速血液流向大块的肌肉组织。

第二步：肋骨伸展：拿起一支七号铁，左手抓住杆头，右手抓住杆柄，并尽量向上举，保持5秒钟，然后尽量向一侧弯曲整个躯干，但不能让另一侧感到疼痛。保持5秒钟，然后换个方向。

第三步：肩部伸展：左手握住杆柄尾端，右手握住杆头。放松肩部，保持左手手肘笔直，然后尽量向后拉伸手臂。保持5秒钟，然后换另一侧。

第四步：胸部伸展：左手握住杆柄尾端，做出呈棒球运动投手一样的动作，右手握住杆头。放松肩部，左手往后拉，并保持肋骨指向前方。保持5秒钟，然后换另一侧。

第五步：全身扩展运动：双手握住球杆，两手分开稍大于肩宽，然后尽最快速度往上举起球杆，你能感觉到胸腔肌肉的伸展和中背部肌肉的压缩。保持5秒钟。

第六步：旋转运动：将一支球杆横过双肩，双手交叉于胸前，握住球杆，保证下盘稳固，向左做最大的旋转，然后转向右边。每次保持3~5秒钟。

第七步：肩部伸展运动：左臂横过胸前，右手抓住左手臂并往右侧用力，使左手臂能够更多地穿过胸膛。做这个运动时能够感觉到肩头背肌肉的伸展，但也不能使前胸感觉到疼痛。保持5秒钟，然后换另一个手臂。

第八步：手腕伸展：伸直左手，掌心向上，右手手指抓住左手手指，并往下往后拉伸。保持5秒钟，然后换手。

第九步：前臂伸展：伸出左手，手肘弯曲，掌心向上，握紧手指，然后伸直手肘，并往上用力挺。保持5秒钟，然后换手。

第十步：小腿伸展：身体倾斜，双手撑在一张桌子或球车上，左腿伸直，右腿往前弯曲，然后身子向前倾斜，直到小腿上感觉到拉伸的力量。保持 5 秒钟，然后换另一条腿。

第十一步：臀部伸展：右脚踩在球车或桌子上，左脚伸直，往前倾斜，直到胸部抵住膝盖。保持 5 秒钟，然后换另一条腿。

第十二步：脚筋伸展：右腿支撑身子，左脚踩住球车或桌子，躯干面向前方。轻轻弓起低背部，臀部后翘，直到腿的后侧能够感觉到拉伸的力量。保持 5 秒钟，然后换另一条腿。

第十三步：挥杆准备（每一种动作重复 3~5 次）

（1）起杆动作。保持左手肘笔直，开始将重心转移到右脚。球杆起到与地面平行。

（2）半挥杆动作。从瞄球到球杆与地面垂直。此时身体重心应该大部分转移到右腿。

（3）全挥杆动作。更多的身体重心转移到右腿，脊椎和臀部做最大的旋转。

（4）挥杆过程。瞄球到送杆的全过程。

参考文献

［1］R & A 规则有限公司，美国高尔夫球协会 . New Rules of Golf for 2019.

［2］吴克祥，王志英 . 球童管理［M］. 北京：中国旅游出版社，2015.

［3］张国华 . 高尔夫球运动规则及案例解析［M］. 广州：暨南大学出版社，2020.

［4］高元龙 . 高尔夫球手运动损伤致因及预防的研究［J］. 当代体育科技，2016，6（35）：11-13.

附录一　高尔夫球童技能培训任务与要求

高尔夫球童技能培训任务与要求一览表

序号	项目 / 任务	子项目或子任务	技能内容与要求
1	球童概述	● 球童的定义 ● 球童的起源与演变 ● 球童的作用	● 掌握高尔夫球规则意义上的球童定义 ● 能正确评价球童的社会定位
2	球童知识基础	● 高尔夫球运动的起源与发展 ● 高尔夫球场知识 ● 高尔夫球运动装备 ● 高尔夫常用规则及礼仪 ● 高尔夫球运动基本技术	● 能讲述高尔夫球运动的起源与历史演变 ● 掌握球场的区域分类、球场的类型 ● 熟悉高尔夫球运动着装规范 ● 掌握本地规则条款的内容 ● 掌握基本挥杆技术
3	球童基础技能	● 服务前的准备 ● 服务技能	● 掌握下场前的各项准备工作流程 ● 掌握出发台、发球台、球道、果岭的服务规范
4	球童服务流程	● 出发前的准备 ● 出发时的流程 ● 发球台服务流程 ● 球道服务流程 ● 果岭服务流程 ● 球车服务注意事项 ● 打球结束时的服务流程	● 掌握出发前的准备 ● 掌握出发时的流程 ● 掌握发球台服务流程 ● 掌握球道服务流程 ● 掌握果岭服务流程 ● 掌握球车服务注意事项 ● 掌握打球结束时的服务流程
5	球童专业术语	● 常用词汇 ● 常用语句	● 能够正确使用英文词汇 ● 能够正确表达常用语句
6	球童服务心理与技巧	● 球童服务心理 ● 球童服务技巧	● 掌握球童服务心理 ● 掌握球童服务技巧
7	球童急救知识	● 扭伤处理 ● 户外急救 ● 被动物咬伤的急救 ● 中风急救	● 能够处理球场上的突发事件
8	专项体能训练	包括球童专项体能训练，以及指导客人进行热身（拉伸）等	

附录二　高尔夫球童技能考核标准

高尔夫球童技能考核标准一览表

考核项目	分类	单项分数
礼貌与礼仪 （15 分）	着装规范	2
	仪容、仪表	3
	语言规范（礼貌用语、术语）	5
	与客人之间的沟通交流	5
基础技能 （40 分）	保护、清洁和递接球杆	5
	球场的熟悉程度（码距、位置、桩等）	5
	修补打痕与球痕	5
	擦球	2
	管理旗杆	3
	平整沙坑	5
	常用规则	15
服务流程 （40 分）	各洞攻略	5
	球杆预测、风向判断、做标记、擦球	5
	追踪球路、找球	5
	果岭看线	10
	服务过程中的站位	5
	安全引导意识	5
	雨天装备保护	2
	归还保管物品	3
专业术语 （5 分）	英文词汇	2
	英文对话（语句）	3

项目策划： 段向民
责任编辑： 孙妍峰
责任印制： 孙颖慧
封面设计： 武爱听

图书在版编目（CIP）数据

高尔夫球童技能教程 / 高元龙主编 ; 何兵雄等副主编. -- 北京 : 中国旅游出版社, 2022.11
高尔夫球运动与管理专业精品教材
ISBN 978-7-5032-7039-0

Ⅰ. ①高… Ⅱ. ①高… ②何… Ⅲ. ①高尔夫球运动—职业培训—教材 Ⅳ. ①G849.3

中国版本图书馆CIP数据核字(2022)第180148号

书　　名： 高尔夫球童技能教程

主　　编： 高元龙
副 主 编： 何兵雄　盛炜垚　金加升　杜伟芳
出版发行： 中国旅游出版社
（北京静安东里 6 号　邮编：100028）
http://www.cttp.net.cn　E-mail:cttp@mct.gov.cn
营销中心电话：010-57377108，010-57377109
读者服务部电话：010-57377151
排　　版： 北京旅教文化传播有限公司
经　　销： 全国各地新华书店
印　　刷： 三河市灵山芝兰印刷有限公司
版　　次： 2022 年 11 月第 1 版　2022 年 11 月第 1 次印刷
开　　本： 720 毫米 × 970 毫米　1/16
印　　张： 8.5
字　　数： 110 千
定　　价： 59.80 元
I S B N 978-7-5032-7039-0
